社員ゼロ！ 会社は「1人」で経営しなさい

税理士 山本憲明
NORIAKI YAMAMOTO

はじめに

「会社をいかに大きくすることができるか」

「会社をつくるからには、上場を目指す！」

「売上を右肩上がりで増やす！」


これまでなら、創業者は会社をつくるとき、このように考えるのが普通だったでしょう。

今でもそうかもしれません。


しかし、これからは「違う！」と断言できます。

これからは「小さい会社」の時代が、間違いなくやってきます。


日本はどんどん人口が減っていくので、消費が減り、経済規模は小さくなっていきます。

実際に大企業でさえ、売上が減り、人を減らさざるを得なくなり、合併やM&Aなどが増えてきました。倒産や消滅してしまうような会社も、これからどんどん増えていきます。

「日本で一番安定している」と言われていた会社が青息吐息だったり、一大コングロマリットを形成していた大企業がつぶれかけたり、考えられないような倒産・消滅が起きたりしています。

このような時代において、大企業からあふれた人はどうすればいいのでしょうか。

私は以前、一部上場の大企業に勤めていたのですが、そのときの同僚が「希望退職」という名の退職勧奨を受けました。そのうち2名から相談を受け、いろいろなアドバイスをした結果転職しましたが、彼らは相当思い悩んでいました。

会社に残った他の同期に話を聞いてみると、40代も半ばに入った今、起業や自分で商売をするのもリスクが大きすぎるし、転職しても給料が今より高くなることはまずないので、このまま会社に残るしかないと言っていました。会社がこれから傾くかもしれないけど仕方ない、とのことでした。

しかし、別の道もあります。同じく退職勧奨を受けた先輩が私のところへ相談にきて、「ラーメン屋をやる」と言って、綿密な計画表を見せてくれました。この先輩のように、しっかり考えて計画すれば、起業したり商売をしたりすることも可能です。特に、自分が好きなことであれば、なんとかなるでしょう。これは私が数千人の経営者や起業希望者を見てきて、痛感していることです。

「やり続ければ、なんとかなる」これが私の今の実感です。

起業にしても自分で商売をやるにしても、好きで飽きないことをなるべく正しい方法でひたすら続けていけば、なんとかなってしまいます。

ただ、これからはやはり経済規模が縮小していく時代なので、右肩上がりの計画を立て、たくさんの従業員を雇い、どんどん大きくしていくことは難しいでしょう。だからこそ、1人でできることをやり、地道に稼いでいくというのがいい方法なのです。

割りきって、1人で経営していくと決めれば、あとは正しい方法でやっていくのみです。

私は税理士としても経営コンサルタントとしても、ずっと極小会社（1人または2、3人でやっている会社）のことを研究してきました。そのような会社に税理士業で携わってきましたし、自分もそのような会社（従業員1人の税理士事務所および私1人の会社）を10年以上運営してきました。

その中で、「割りきって1人で経営していく場合の必勝法」を編み出してきたのです。

今からその必勝法を余すところなく公開します。

ぜひ読んでいただき、これからの人生で「1人会社」を運営していくという選択肢を、しっかりつかみとっていただければ幸いです。

山本 憲明

社員ゼロ！会社は「1人」で経営しなさい◎もくじ

第2章 会社を大きくしてはいけない

第3章 1人会社の「お金」について考える

第4章 1人会社の時間の使い方

第5章 1人会社をずっと継続させていくには（まとめ）

◎カバーデザイン next door design（相京 厚史）

第1章

これからの日本経済と会社について考えよう

1 日本経済は小さくなっていく

「1人会社」「1人経営」「社員ゼロの会社経営」の極意についてお話しする前に、この章ではまず、これからの日本経済と会社がどうなるのか、ということについて考えてみたいと思います。

これから、日本経済は間違いなく縮小していくでしょう。世の中では景気対策が叫ばれ、そのためにいろいろな政策が執り行われています。しかし、ほとんどが付け焼刃の政策で、やったとしても一時的なものになってしまっています。

経済成長や経済規模の大小に一番影響するのは、なんといっても「人口」でしょう。人口が増えれば増えた分、単純に生活していく人や、仕事をする人が多くなるので、消費が増え、それにつれて生産も増え、経済活動が膨らんでいきます。人口が少なければその逆で、消費も生産も減るわけです。ですから、経済活動が萎《しぼ》むのは当たり前です。

日本の総人口はすでに減少傾向にあります。２０３０年に1億１６６２万人、２０４８年には1億人を割って９９１３万人となり、２０６０年には８６７４万人になるものと見込まれています。

また、生産年齢人口（15～64歳の人口）は２０１０年の63・８％から減少を続け、２０１７年には60％台を割り、２０６０年には50・９％になることが見込まれています（総務省白書：少子高齢化・人口減少社会より）。

このように**総人口・生産年齢人口共に減少を続けていくので、経済規模が小さくなっていくのは避けられません。**

「多消費世代人口」というものがあります。

聞いたことがないかもしれませんし、あまり使われる数字ではありませんが、消費を一番多くする世代の人口のことを言います。40代は家に関する出費や教育費などをたくさん支出する世代であり、この世代の人口が多いときは景気が良くなったり株価が上がったりしています。

「団塊の世代」と呼ばれる１９４７年から１９４９年に生まれた方たちの人口はもちろん多いのですが、この世代の方たちが40代を迎えた１９８７年以降、日本経済はバブルに湧きました。

また、「団塊ジュニア世代」と呼ばれる、１９７１年から１９７４年に生まれた人たちが40代を迎えた２０１１年以降、経済はまずまず上り調子になり、オリンピックが行われる２０２０年までは大丈夫だろう、という声もあります。

ただ、団塊の世代が多消費世代であることを終えたバブル崩壊以降、日本経済が低迷したように、団塊ジュニア世代が多消費世代を終えたあとは、多消費世代人口も生産年齢人口も、総人口も一直線に減少していきます。つまり、日本経済のこの先は明るくないと考えられます。

ＡＩ、ロボットなどのイノベーションで経済成長していこうという論調もありますが、人口の減少という大きな波には逆らえないでしょう。日本経済は緩やかに縮小していくという仮説のほうが正しくなる可能性は高いです。

無理やり経済成長させて景気のいい状態を保とうとすると、無理がたたってまたバブル崩壊のような愚を繰り返すことにつながりかねません。**緩やかな衰退を前向きにとらえ、その中で自分はどう生きていくのかを考えたほうがよっぽど建設的です。**

経済の波は、「人々の心の持ちよう」が起こしているとも考えられます。無理に経済成長を追い求める人が多いと、それが実現できないときは一気に落胆が広がり、経済はより縮小していくでしょう。

そうならないように、まずはみんなが経済の縮小を受け入れるところからはじめる必要があるのです。

2 会社の成長を追い求めることは正しいのか

日本の人口が減っていき、経済規模が小さくなっていったときに、経済成長を追い求めることは正しい姿勢と言えるのでしょうか。私はそうではないと考えています。

経済が成長するとモノやサービスが売れ、そのモノをつくったりサービスを提供したりしている事業者が潤います。事業者が潤えばそこで働く従業員の給与が増え、購買意欲が増して個人消費が増えます。そのことにより、また事業者が潤って……という好循環になります。

たしかに全体の人口が増えているときは、それでもよかったのです。その成長物語は、成立していました。

しかし、今はどうでしょう。全体の人口が減り、さらに消費の多い世代の人口も減っています。みんな将来が不安ですから、消費を絞ります。そうすると、利益を確保するために企業は従業員の給与を増やすことが難しくなり、それによってさらに消費が低迷します。さらに企業は、将来のために利益を確保しようと経費を削る、そんな構図が見てとれます。

企業も個人も、成長していこうと思ったら、何か革新的なモノやサービスを提供するなど新しい価値を生み出していかなければなりません。

しかしそれが実現できるのはほんの一部で、ほとんどの企業や人は成長を追い求めても、その成長が実現できず、苦しくなっていくはずです。

仮に成長が実現できたとしても、貧富の差がますます激しくなることでしょう。お金持ちはお金を投資してさらにお金を増やすことができますが、貧乏人はそのお金持ちに搾取されるだけです。

もともと企業は「従業員が働いて得た利益」と「従業員に渡す給与」の差額を搾取しないと存続できません。ですから、成長を追いかければ追いかけるほどその搾取を増やさざるを得ず、従業員側はますます貧しくなっていくしかないのです。

それであれば、**はじめから成長を追い求めず、適度なものを維持していくという考え方のほうがいいのかもしれません。**

「成長しなければならない」と考える気持ちはよくわかります。確かに成長してお金が増えれば余裕ができるし、個人であればいい生活をすることができるようになります。快適な家に住み、快適な移動手段を使い、快適に楽しむことは、お金が増えるからできることです。

しかしこれからは、「お金が増えなくても快適に暮らせる」生き方を考えるべきですし、事実それはやりやすくなっていくはずです。

会社は「売上が下がっていく」という前提で計画を立て、個人は「給与が下がっていく」という前提で計画を立てていくのです。

売上が下がっても工夫次第でどうにでもなります。会社はコストダウンをして無駄な経費を削っていけば利益は確保できます。個人も生活費を小さくする前提で計画を立てていけば、利益、つまり余分に使えるもしくは将来に備えて貯めるお金を確保できるのです。

経済が縮小しても、やり方次第ではこれまでより豊かになることも可能です。

みんなが「成長することが是ではない」ということをわかりだしたら、モノの価格がどんどん下がっていくはずです。

「人生最大の買い物」と言われる家についても、本当はもっと値段を下げられますし、これからは超ローコスト住宅の提供も増えていくことでしょう。すでに、ちゃんと生活でき、数十万円～数百万円で提供されている家も出てきています。

もちろん住宅だけではなく、他の生活コストもどんどん下がっていくはずです。ローコストで生きられるのだから、ローコストで生きていけば充分に豊かな生活ができるわけで、そのためには成長は必要ありません。

「成長しないと、生きていけない」という考えは、この際一切捨ててもいいでしょう。

成長しない世の中で、どう楽しく生きていくかということを考えたほうが、よっぽど建設的・健康的だと思います。

3
政情も不安定、何が起こるかわからない

ここ数年の国際情勢は不安定なものがあります。北朝鮮がミサイルを何発も発射したり、アメリカがシリアに攻撃を仕掛けたり、テロがいたるところで毎日のように起きたりしています。

私たちは今のところ、国際情勢が不安定だということを自覚しながら、見守るくらいしかできません。

私自身も本当に無知ですし、政治などに対して何かを言える立場でもありませんが、皆さんもできれば本を読んだり、毎日、新聞の国際面を見たり、ワールドニュースを見たりして、それらについて自分は何を考えればいいのか、自分は何ができるのかを確認しておきましょう。

例えばテロ一つとってみても、多くの人を恐怖に陥れることが目的であれば、都市部・

人口密集地帯が狙われると考えてもいいかもしれません。そうすれば、人口の少ない田舎に移住することを視野に入れてもいいのではないでしょうか。小さな規模の事業を営んでいくにしても、田舎のほうがコストが小さい分、有利な部分もたくさんあります。

また、**事業をはじめるときや事業を再構築するときは、国際情勢の変化になるべく影響されないものを選んでいくことも必要でしょう。**

例えばヨーロッパで購入したものを売るなど、海外と関係しなければ事業が成立しないような場合は、注意が必要です。その仕入れ先の国と取引停止になってしまったり、渡航できなくなってしまったりするようなことも考えられなくはありません。

日本経済は縮小していくわけですから、事業を行うにしても、海外に広げていくやり方を選ぶことはもちろん間違いではありません。しかし、**国際関係や国際情勢に気をつけておかなければ、事業を進めていくことができなくなることも、自分の身に危険が降りかかることも考えられる、ということを頭に入れておきましょう。**

普段から密接に関係している深刻なことではないかもしれませんが、そうなる可能性もあります。目を光らせてウォッチしておくことが大事です。

4 大きな会社ほど厳しくなってくる

私が就職活動をしたのは1993年、もう20年以上過ぎ去ってしまいました。

私の就職活動は、ほとんどというか、すべて上場している大企業を対象に行いました。

誰もが知っているような大きな企業にあこがれを持ち、そこで働きたい、と強く思っていました。大きな企業の一員となって働くことがすばらしいこと、カッコいいことという考えがありました。

今でもそのような考え方は学生に根強く残っているようで、「就職したい企業のランキング」では、やはり誰もが名前を知っているような大きな企業が上位にきています。

しかし、大きな企業やそれを取り巻く環境は当時と大分変わってきています。これまで**「永遠に存続する」とか「とても安定している」などと思われていた企業が合併したり、**

外資の傘下に入ったり、倒産したりということが頻繁に起きています。

ですから、大企業は緩やかながら衰退に向かっていると言えるでしょう。

私の親せきが勤めている企業も、一時期は風雲児のような存在で大きな利益を上げていましたが、ついには外国の会社に買収されてしまいました。また、「日本一安定しているから、株を買って配当収入を得るには最適」と言われていた企業も、不運な事故はありましたが厳しい状況に置かれています。

学生時代に私が就職活動をさせてもらった企業（大きな企業ばかりでした）の約４分の１から３分の１程度は、すでに存在自体がないか、今非常に厳しい状況に置かれています。

私が勤めていた企業も、以前は「従業員を必ず守る」と宣言していたのですが、ついには希望退職者を募り（実際には退職勧奨も行われていたようです）、私の同期や先輩の少なくない人が辞めていきました。

「大企業だから安定している。安泰だ」といった考えは、もう通用しなくなってしまいました。それどころか、「大企業だからこそ、これから厳しくなる」と言ってもいい状況になるかもしれません。

大企業がなぜこれから苦しくなるかというと、答えは簡単で「経済が縮小していくから」です。

経済が縮小していくと、平均的な売上はどうしても減らざるを得ません。

そんな時代に、**これまでと同じ右肩上がりの計画を立てて経営していけば、大企業は大きな体を抱えているわけですから、経費がかさんで利益が減っていきます。そしてついには先ほど挙げたような倒産・合併・買収などの憂き目にあうでしょう。**

いくつかの企業の「中期経営計画」を見ましたが、売上高の数字が下がっていく「右肩下がり」の計画は見たことがありません。この時代においても、たいてい「右肩上がり」を前提にした計画を立てています。

右肩下がりの時代に、右肩上がりの中期経営計画を立てることが当たり前となっていること自体に違和感があります。売上を増やす計画を立てるのであれば、その増加分以上に経費を減らしていくという計画でなければなりません。

売上の右肩上がりが達成されなければ、利益は減る、もしくは赤字になる可能性が高いのです。

まだ独立しておらず、今大企業で勤めている人は、これからのことをどう考えていますか？

危機感を感じながら仕事をしている人も多いでしょうが、多くの人は「うちは大丈夫」と考えているのではないでしょうか。

でも実際はそうではない場合もあるでしょう。生き残る会社はしっかり生き残っていくでしょうが、これからは何があってもおかしくありません。突然、従業員数万人規模の会社がつぶれてしまうと、その下請けの会社、協力会社なども含めて、多くの人が路頭に迷うことになります。その影響は大きいです。

5 「労働」と「お金」の価値が下がっていく

巷で最近よく言われるのは、ロボットやＡＩ（人工知能）の発達によって、多くの職業が消滅するということです。それに備えて何ができるかを考えよう、といった特集がよく雑誌で取り上げられたりします。

ここでは、少し角度を変えて、ロボットやＡＩの発達で何がどう変わってくるのか、そのために自分はどうしたらいいのか、ということを考えてみましょう。

ロボットやＡＩが発達すると、これまで人がやってきた仕事をロボットたちがやれるようになり、そちらのほうが効率は断然いいし、お金も比較的かからなくなるので、人がやる仕事が減っていく……これは自明でしょう。

コンビニとかスーパーは、人間が仕入れをして陳列をし、レジを打っていますが、このような仕事はロボット・AIがやれるようになる可能性が高いです。これだけではなく、近い将来ロボットに置き換わる仕事・作業・職業はたくさんあります。

私たちは、自分の仕事が機械に置き換わってしまう仕事なのか、ということをまずは考えなくてはなりません。

ちなみに私が現在やっている仕事（税理士業、執筆業など）は、ほとんど機械に置き換わる可能性があると思っています。そう考えるからこそ、機械が苦手なこと（例えば、好きなことをとことんやり続けるとか、創造性のある仕事とか……）に仕事をシフトさせていこうと考えています。

また、ある意味諦念《ていねん》のようなものも持っています。

どうしても機械に置き換わってしまうものなら、置き換わったときにどう活動していくかをポジティブに考えるのです。すべてが置き換わるわけでもなく、人間ができることも多くあるはずです。今は考える時間をつくって、そういったことを検討しています。

人がやっている仕事をロボットやAIがやるようになっていくと、何が変わってくるでしょうか。

私は、「労働」や「モノ」の価値が相対的に下がると考えています。

「労働」については明白です。

人間が汗水たらして働いてやることを、機械は何倍もの速さで効率良くこなしてしまいます。

そうなると、**人間の労働価値は相対的に下がるでしょう。機械にお金をかけたほうがいいということは、人間に支払う報酬や給与を当然下げられるということになります。**

労働の価値が下がって、全体的な賃金が減ると、モノの購買力が下がります。また、同じモノをつくるコストも下がるはずなので、モノの値段も下がるでしょう。

例えば家なんかも、これまでは人がたくさん関わり、多くの労働時間が投入されることにより、高い買い物となっています。批判を恐れずに言うと、本当はもっと安く家を建てられるはずです。

最近では、数百万円やそれ以下で、充分人が暮らせるローコストな住宅なども提供されてきています。既存産業のプレッシャーなどによって普及は遅れていますが、流れには逆らえず、必ず超ローコスト住宅が普通に提供される日がくるはずです（私はそれを待っています）。

ローコストで生活できるようになると、それほど人が稼ぐ必要もなくなります。

実は機械化の波は、人が強度の高い労働をしなくても生きていけるようになるという意味で、歓迎すべきことではないかと思うのです。しかし、既存の産業が「労働者を守る」という名目で、意識的にも無意識的にも規制をかけ、進むスピードが遅いというのが実情でしょう。

「1人経営」など、規模の小さい経営をしていこうとしている本書の読者は、ぜひ機械化が進む世の中を考えてみてはいかがでしょう。そうすることにより、売上を右肩上がりでガンガン上げていくことも必要なくなり、無理のない、スマートな経営をしていくことができるようになるはずです。

まずは一度、機械化に思いをはせてみてください。

6「65歳まで安穏、その後は悠々自適」とはいかない

言うまでもなく、これまで日本で当たり前と考えられてきたキャリアプランは崩壊しました。

高校や大学を卒業して20歳前後で社会人となり、四十数年働いて60歳や65歳で定年退職、その後は退職金と年金で悠々自適の生活、というキャリアプランです。

まだそのようなモデルケースが採用されている企業も多いかもしれませんが、このプランは「右肩上がり」が前提となっているものなので、守ろうとしても無理で、そのうちなくなるでしょう。

年金制度が今のままであれば、65歳から支給されるのも難しくなり、私（40代）がそのあたりの年齢になる頃には、おそらく70歳や75歳からしか払われなくなるでしょう。それ

に向けての準備は、着々と進められています。まあ、それは仕方がないことです。
会社で働けば一生面倒を見てくれるという時代は完全に終わりました。私たちはこれから、自分でキャリアプランを組んでいかなくてはなりません。

まずもって「20代前半一斉就職」というもの自体が、なくなっていくはずです。将来何をしようかということを若いうちに考え、そのために何をするか、というプランを組んでいかなくてはなりません。

若いうちに放浪したり、ビジネスを興したりすることが当たり前になる時代がくるはずです。20代前半で足を踏み外すとその後の人生が先細りになる、という今の状況は終わりにする必要があります。

ほとんどの人が乗るモデルケースのレールがなくなるのであれば、多様性が認められなければなりません。

となると学校教育時点から、どんな道を通ってもＯＫ、という空気が必要となります。私たちは意識の大きな部分を変えていく必要があります。

これからは、**「どんな道を通ってもいいから、好きなことや得意なことをして生き、なるべく長く仕事をする」ことが求められる**ようになるはずです。

そうすると、おのずと「起業」や「自分で商売をする」というスタイルが当たり前にできる世の中にならなくてはなりません。だからこそ、「1人経営」が必要になってくるのです。

「1人経営」は、1人もしくは超少人数のスタッフ（基本的には、従業員ゼロ）で仕事をして、稼いでいくというスタイルです。

稼ぐ量は別に多くても少なくてもかまいません。生きていけるだけの糧を稼げばOK、できれば長く楽しく続けていけるものがいいでしょう。「ナリワイ」という言葉に置き換えてもいいと思います。

これまでのように都会にオフィスを構え、右肩上がりに売上を増やし、従業員をたくさん雇い、上場もしくは高い年収を目指していくようなスタイルだけでは飽和してしまいます。

そこで、１人で数百万円程度稼ぎ、田舎に住み、半分農業で自給をして、時間を多く使えるなんていうようなスタイルの人も増えていくでしょう。

私個人としては、そのようなスタイルでやっていこうと考えています。

独立を迷っている方もいるでしょう。もちろん今の仕事を続けていくことを否定するものではありません。続けられる人は続けていけばいいですが、続けられなくなってくることも充分に考えられます。そんなときは本書を思い出し、小さな会社をつくって生業をしていくことも視野に入れてもらえれば幸いです。

どうすればそれをやっていけるか、ということをこれから書いていきますので、ぜひワクワクしながら、楽しく読んでいただけると嬉しいです。

7 解決策は「1人経営」が増えること

第1章では、将来について考えてきました。これから多くの変化がとても速いスピードで起こり、私たちはぼやぼやしていると時代から取り残されてしまうかもしれません。そのために何をすべきか、ということを書いてきたつもりです。

その一つの解決策として、「起業する人が増えること」「1人経営が増えること」が大きなキーになると考えています。

「1人経営」とは、1人、つまり社員ゼロ、もしくは超少人数（スタッフ2〜3名まで）で行う経営です。基本的には従業員が必要なく、完全に1人で経営を行うことを想定しています。

「1人経営」のメリットは次章以降で詳しく述べていきますが、これからの経済が縮小していく時代に合わせた経営です。

1人で経営すると、経費などの支出を非常に小さくすることができるので、それに伴い必要な売上高も減らすことができます。必要売上高が減ると経営が楽になり、経営者がストレスから解放されます。それでいて個性的な事業を行っていくことで社会貢献もできるのです。

「1人経営」は、経営や事業のことだけでなく、1人1人が自分の生活費や仕事引退後の資金の問題などをしっかり考えて対策することが肝になります（詳しい手法などは後述します）。ですから、高齢化に伴う金銭的な問題などを解決する一つの答えになる可能性も秘めています。

起業していない人の中には、「自分には経営とか事業を興すのは無理」と思われている方は多いでしょう。

私もそのような方に何人もお会いして、悩みを聞いてきました。でもそのうちの何人もの人が実際に事業を興して、小規模でもうまく事業を運営し、幸せになっています。

大げさかもしれませんが、「1人経営」をみんなが知って実際に行う人が増えることが、これからの社会のために大きなプラスになると私は見ています。

ぜひこの本を最後までお読みいただき、「1人経営」を学び、ある程度の準備が整ったときに一歩踏み出しましょう。

第２章

会社を
大きくしては
いけない

1 会社を大きくする弊害

ここからは、「1人経営、社員ゼロ経営」の本質に迫っていきます。多くの人が「1人経営」を行っていけるように、丁寧に説明します。

まずは「会社は大きくするもの」という概念を壊したいと思います。
会社は大きくしないほうがいい、それが私の結論です。
なぜ会社を大きくしないほうがいいのか、理由はいくつかあります。

まず一つ目は、**「右肩上がりを目指すと大半は崩れていく」**からです。
これから経済が縮小していき、全体の売上が下がっていくようになると、右肩上がりの成長をずっと続けていける企業は絞られていきます。もちろん生き残って儲かる会社は存在しますので、それを目指すのもアリですが、私のような凡人はやめたほうがいいでしょう。

むしろ、**売上を右肩下がりに少しずつ収束していき、その中で利益をどう出すかということを考えたほうが、よっぽどうまくいく確率が高いはずです。**

二つ目は、**「会社を大きくしていくと、『人の問題』が顕在化する」**からです。

人が２人いるとき、人同士の関係性は１本の線のみになりますが、３人になると関係性の線が３本、４人になると６本、５人になると10本……といった具合に大きく増えていきます。すると人同士の軋轢が生まれやすくなり、組織がうまくいかなくなって、仕事が回らないという事態になる可能性があります。

さらには、仕事を任されている人が辞めるというリスクもあります。

私の友人で利益率の高い会社を10名程度でやっている社長がいますが、従業員が同時期に何人も辞めてしまったとき、仕事が回らなくなって一時うつ状態（社長本人が）になったと漏らしていました。

また、人が多くなると、長時間労働による従業員の過労、パワハラ、セクハラ、不正など、挙げればきりがないほどの問題が考えられるようになります。

三つ目は、**「会社を大きくすると、小さくしていくのが難しい。ずっと維持するのは本当に大変」**だからです。

売上を増やして、その仕事をこなすために従業員を雇うと、場所や設備を用意しなくてはなりません。だからといってまた売上を増やし、従業員も増やしていくと、また場所や設備の問題が出てきます。

このようにして移転や拡張、支店の設置などを繰り返しながら会社を大きくしていくと、この流れを止めて前の状態に戻ることが非常に難しいのです。

私も税理士事務所をはじめたころは希望に燃えて売上を増やしていき、人を多く（といっても10名以内ですが）雇って拡大していきました。しかしある時点で「超ミニマムサイズ」に戻そうと決め、戻していったのですが、その過程はけっこう大変でした。

いったん受けた仕事を断るのは、簡単なことではありません。

また、売上・仕事を減らすことは、従業員の食い扶持を不安定にさせることになるので、そうそうできることではないのです。

先に従業員を減らそうとしても簡単に解雇はできませんし、拡張した設備を小さくしていくのも困難です。

「縮小する」というのは、言うほど簡単なことではありません。拡大していくよりも縮小していくほうがよっぽど難しいのです。

突き抜けて会社を大きくし、上場して有名になり、ずっと拡大を続けていく経営者もごくたまに現れます。それを目指すのであればそれでいいと思います。しかし、中途半端に大きくすると、経済や市場の縮小に合わせて小さくしていくのは大変なのです。

会社が自然に大きくなっていくとか、大きくしていくことが理にかなっていたのは成長期の話です。成長期はもう終わったのですから、私たちは心して会社を大きくしないようにしていかなくてはなりません。

2 これからの時代に合うのは「1人経営」

これからの時代に合うのは「1人経営」です。ある程度の人数を抱えて事業を行うのもいいですが、超ミニマムに1人で事業を行うことこそが、時代に合っています。そんな会社が増えるといいといつも思っていますし、そうするのが私の使命です。

前項では、会社を大きくすることの弊害を述べました。それに加えて本項では、「1人経営」のメリットを述べます。

「1人経営」のメリットは本当にたくさんあります。

そのうち一番大きなものは、**「小回りや方向転換が容易」**ということです。

大きい企業を小さくしていくのは大変難しいと述べましたが、**小さい会社は売上を下げ**

ながら利益を増やしていくやり方もできます。経費を上手に削減して、利益を確保すればいいのです。

また、**時代に合わない事業をやめて新しいことをはじめ、軌道に乗せていくことも比較的簡単です。**本業などにこだわらなくても構いません。例えば、学習塾を経営していたけど少子化が進んで売上が停滞しているのなら、大人のための自習室やセミナールームの運営などに転換することが考えられます。

さらに、**軌道に乗った仕事は人に任せ、自分は新しいことにチャレンジをしていく、という生き方をすることもできます。**現在の仕事を外注し、自分は新しい事業を展開するのです。

そして、**重しを乗せながら生きていくのではなく、気持ちを軽くして生きていくことが可能です。**

このように「小回りが利く」というのは、すばらしいことなのです。

これまでの内容から少しそれてしまうかもしれませんが、ここで「投資」について話をしたいと思います。

ここまで「経営」と言ってきましたが、その本質は「投資」です。

まずはタネ銭をつくり、そのタネ銭を事業に投資していきます。そして、必ず利益を出し、その利益をあとで回収するのです。

一つのことに賭け、そこに大金をはたいてたくさんの人に協力してもらうというやり方があります（通常の株式会社の投資の仕方）。

一方で、1人がそこそこの金額を投資して、その投資した先で事業を膨らませることなく、効率的に利益を出して回収していく方法もあるのです。

「1人経営」の体制であれば、その「投資」がしやすくなります。

1人経営の投資の仕方

小さな事業に投資し、
利益を回収する

たくさんの人に協力してもらい、
大きな事業に育てる

小さい事業

投資

小さい事業

自分

小さい事業

小さい事業

小さい事業

自分

投資

46

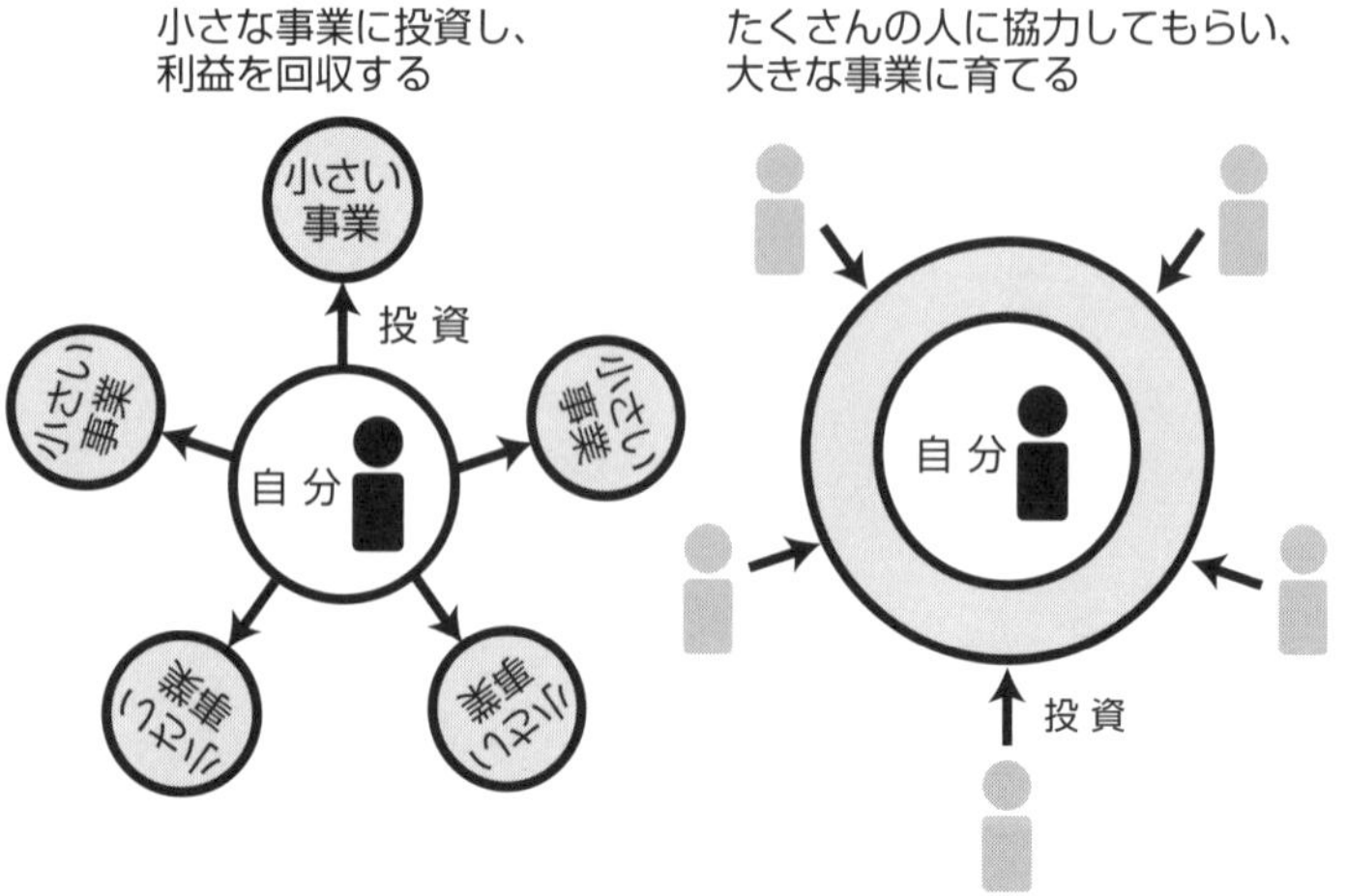

　これからの時代、経済が縮小し、大企業が厳しくなってくると、大きな会社に依存して働くことが難しくなってきます。会社をリストラされたり辞めてしまったりした場合、多くの人はハローワークに通うなどして職を探します。もちろんそれでもいいのですが、ここは少し立ち止まり、「１人経営」ができないか、ということを考えてもらいたいと思います。

　極々小資本でもいいですし、極々小さい事業でも構いません（資本の額は関係なく、「投資する」という考え方が大事です）。

　生活のコストダウンをした上で、自分や家族が食べていけるくらいの事業は誰でも興すことができるはずです。労働者もいいですが、小さな「１人経営」の事業を視野に入れてみてください。

3 「1人経営」は生産性の向上がしやすい

伊賀泰代さんが書いた『生産性』（ダイヤモンド社）という本が売れました。伊賀さんと同一人物だと言われている、ちきりんさんの『自分の時間を取り戻そう』（ダイヤモンド社）も売れました。

このような本が売れるということは、国全体の流れが「時間をかけずに、できるだけ成果を上げる」という方向へ向かっているのでしょう。これからは「生産性を上げる」ことが、とても大事になってきます。

生産性を1人1人が上げていくためには、「労働時間を減らす」ことが大事になります。

日本人はとても勤勉で、その勤勉さによって戦後の高度成長期がつくり出された、と言われています。もちろん勤勉であることは大事なのですが、まじめすぎて「長い時間働かなければならない」「長い時間働いたほうが儲かる」などと考えている方がいまだに多くいます。仕事上の課題を、時間をかけることで解決しようとしている人も多いでしょう。長時間労働で心を病んで「過労自殺」してしまった電通社員の問題などが明らかにされていましたが、実際のところ、まだまだ長時間労働が幅を利かせています。

しかし、**「1人経営」では、その長時間労働を、経営者の意識次第で減らすことができます。**小回りが利くため業務の改善などもやりやすいはずです。その点で生産性の向上は容易であると言えるでしょう。

何事も、目標を掲げて、達成するための計画を立て、日々その計画を実行していくことが大切です。

計画を実行していくにあたっては、進捗や進む方向、世の中の流れなどに合わせて日々計画を調整していかなければなりません。ときには計画を大きく変えることも必要になるでしょう。

「1人経営」においては、社長1人が変わればいいわけですから、方向転換や調整も容易にできるはずです。「1人経営」の社長は、「変わることが仕事」と言ってもいいくらいです。

4 小さいことによるメリットはこんなにある！

ここまで、「1人経営」のメリットをたくさん述べてきましたが、他にもたくさんあります。それについて考えてみましょう。

まずはお金の話です。

「家計と結びつけた経営計画を立てられること」これが大きなメリットだと私は考えています。

仕事熱心な方からは、「家計と仕事をなぜ結びつける必要があるんだ」と言われそうですが、経営計画を立てるにあたって、家計のことをまず考えることはとても大事です。

私は10年以上税理士の仕事をして、多くの経営者や社長と会ってきましたが、家計（生活費や仕事引退後のお金の備えなど）がまったく管理できていない、もしくは管理していない社長も多く、そういった会社は本業も傾いていきました。

逆に、**家計管理ができている社長が経営している会社は、ほとんどがうまくいっています。**

お金がなく生活に余裕がないと、会社のお金を生活に流用してしまうなど公私混同が起きかねません。そうなると経営どころではなくなります。

また、いくら会社で儲けたとしても個人の会計が垂れ流しであれば、早晩会社のお金もなくなり、自転車操業状態になることもあるでしょう。

まずは、個人の会計をしっかり管理して、どれくらいの役員給与（自分の給与）が必要か、そのためにどれくらいの売上が必要かを計算する必要があります。

逆に言うと、**個人の会計管理から会社の会計管理につなげられることが、「１人経営」のメリットでもあります。**

経済が縮小して、全体的な売上高は必然的に下がっていくわけですから、家計のコストダウンをして、最低限必要な売上高も小さくしておくことが、余裕ある経営につながります。

「1人経営」によるメリットはまだあります。

前に書いた内容と重複する面もありますが、やはり**「人の管理」が少なく済む**ことです。

人が多いと、それだけ生産性が下がる可能性が高かったり、人同士でのいさかいが起こったり、問題を起こす人が出てきたりする可能性が高くなります。

「人の管理をすることが経営」と言う人もいます。しかし、もうそんな時代ではなく、これからはいかに人に頼らず事業を行っていくかが大事になってくるはずです。


また、**規模が小さければ小さいほど、撤退する（事業をやめる）障壁が低くなり、事業をやめたり切り替えたりすることもやりやすくなります。**また、新しい事業に変更したり、副業的に新しい事業をはじめることもやりやすいです。

実験的に事業を興し、だめだったらやめる、うまくいけばある程度のリソースを投入して回していく、というやり方も可能になるでしょう。


規模が大きくなると、事務所などの場所も多く必要になりますし、そのための初期投資が大きくかかり、お金を借りなければいけなくなります。

その借りたお金の金利を払うために、さらに売上高を増やすことが必要になります。

そして、その売上高分の仕事をこなすために人が必要になります。

さらに、その人を収める箱がさらに必要になります。

……といった具合に、スパイラル状に規模を大きくしていかざるを得なくなるのです。

その流れを止めて一定の規模に保つことや、規模を小さくしていくことは非常に難しいのです。


まずは小さくはじめて、うまくいけば（あまり人を増やさず、事務所などの場所も拡大せず）事業を伸ばしていくことを考えてみてはいかがでしょうか。

そして、経営だけではなく、自分の人生や生活を送るために必要なお金のことなども考えて、経営していくのが一番です。

5 オフィスや従業員はもういらない

前項で述べたように、規模を大きくしていくとオフィスを大きくする必要があり、そのためさらに人を増やさなければならないといった拡大スパイラルに陥ります。

それを避けるためには、はじめから小さい規模でやっていくことを決めておくほうがいいでしょう。つまり、オフィスとか従業員を必要としない経営をやっていくようにするのです。

人には固定概念があるので、会社を経営するのであれば、従業員とオフィスが必要という考え方が根強く残っているようです。

すでに会社を経営している人も、「会社を大きくするぞ」と言っていますし、これからはじめる人も、いかに会社を大きくして売上高を増やし、儲けるかということを考えるようです。


私は、最近参加しなくなりましたが、経営者とか、税理士の集まりに行くと、「オフィスはどこなのですか」とか、「何人くらい使っているの？」などと聞かれたりします。

オフィスの充実度や豪華さ、使っているスタッフの数でその経営者を評価しようとしているのだと思いますが、そのような固定観念はもう古すぎです。

私は、なぜか手広くやっていると思われているらしく、普段でも質問されることがありますが、そんなときは堂々と「スタッフはたった１人」と言っています。


拡大経営はこの先もう必要ありません。

これからは、１人で得意で大好きなことをずっとやっていくことが大事になるでしょう。

ＡＩ・ロボット・機械が活躍するであろう未来では、それしか生き残る方法がないと言っても過言ではありません。


会社を大きくして、従業員をたくさん抱えるということは、画一的な仕事を標準化していく方向へ進むということになります。それはつまり、ロボットやＡＩが得意とする部分に向かっていくということです。結果、その仕事自体がなくなる可能性も高まります。

１人で、自分にしかできない仕事、そしていつまでもできるような好きなことをやっていけば、機械化の波にのまれることもありません。

規模は大きくならないでしょうが、贅沢をしなければ充分生きていけるはずです。

そのような仕事をするにあたって、オフィスや従業員は必要なくなります。
逆にうまく**機械化の波に乗ることができれば、どこにいたって仕事はできます。**さらに標準化された事務処理作業みたいなものがほとんど必要なくなります。たとえ、自分でやったとしても、大して時間や手間がかからなくなるはずです。

オフィスや従業員が経営には必要、というのは固定観念でしかありません。

会社にオフィスがないなどということは想像できないかもしれませんが、なくてもいいのです。私自身も、今はオフィスを家の近くのアパートの一室に構えていますが、これからなくしていく予定です。

従業員はどうするんだ、という声が聞こえそうですが、これまでも言っているように1人でも十分やっていけます。

経営者がやるべきなのは「自分にしかできない仕事」であって、それ以外に必要な仕事は、外注すればいいでしょう。今、従業員にそのような仕事をしてもらっている場合は、その従業員に独立してもらい、仕事として依頼するのです。

そうすれば、そこにも「1人会社」が生まれます。元従業員が1人会社でしっかり永続的に利益を出してやっていくことが、社会の活性化にもつながるはずです。

6 外注やスタッフに、どのように仕事をしてもらうか

1人会社といっても、正社員やパート・アルバイトなどが何人もいる会社もあれば、完全に1人でやっている会社もあるでしょう。「1人会社」・「1人経営」においては、自分1人だけで作業が完了する場合もあると思いますが、多くは仕事を誰かにお願いしなければならない状態ではないでしょうか。

ここでは、スタッフや外注で手伝いをしてくれる方たちに、どうやって仕事をお願いすればいいか、ということを考えてみます。

まず前提として、1人会社においては、経営者の労働時間をなるべく短くしなければならないというのは前述した通りです。だから、**経営者以外でもできる仕事は、なるべく他の人、もしくは機械などに任せることが大事になります。**

まず、機械（パソコン、システムなど）でやれることは任せてしまいます。

大量の処理などで自動的にできることは、うまくコンピュータや機器を使いましょう。

例えば、パソコンのエクセルなどで毎日同じ作業をしているのであれば、その作業はマクロを作成してボタン一つで自動的にやってしまいます。

それらのプログラムをつくったり、設定したりするのは面倒くさいので、その都度やったほうが速いと思いがちですが、そうではありません。単純な作業で機械に勝てることはそう多くないので、まずは時間をとって機械でできるようにすることが大切です。

それでも残ったできない仕事は、人にお願いすることになります。


１人会社では、できる限り固定費を増やさずに経営したいので、正社員を雇うことはお勧めしません。

正社員を雇うことは、雇用問題解消の一翼を担うという意味ではとても素晴らしいことですが、それをやると利益を出しづらくなります。利益を出して税金を払うことで社会の一助となるように心がければ充分です。

つまり、**１人会社では、人件費を固定費にせず変動費にする**、というのが正解となります。

固定費というのは、売上がなくても毎月かかってしまう費用のことで、変動費というのは、売上に比例してかかる費用のことです。外注先やパート・アルバイト、在宅勤務の方に仕事をお願いすることは、人件費を変動費化するということです。

外注やパートなどのスタッフにどのように仕事をしてもらうかは、とても大事なことです。彼らは、会社がどうなろうと関係なく、基本的には自分たちが責任を持って仕事を全うすればそれでいいのです。お願いした仕事を、納期までに問題のない質で返してもらえるか、ということが重要になります。

そのためには当たり前ですが、上から見下すのではなく、**対等のビジネスパートナーとして仕事を依頼することが大切です。**料金も、叩いてコストダウンをするのではなく、常識の範囲内で設定し、きちんと期限までに（なるべく早く）支払うことが大切になるでしょう。

「人手不足」と嘆く必要はありません。

例えば「クラウドワークス」などのサービス（サイト）を利用すれば、仕事をしたい人が引く手あまたに待ち構えています。

仕事の依頼価格もそれほど高くなく、質のいい仕事をしてもらうことができるでしょう。

このようなサービスをうまく使いながら、仕事を依頼するのもアリです。

時代はどんどん移り変わります。

ちゃんとしたオフィスを構えて人を雇い、決まった時間で一斉に働いてもらうことが必須だった時代は終わりました。仕事を依頼したら、あとは期限まで正確にやってもらえばいいだけで、そのやり方を問う必要はないのです。

そのように考えを変えることで、時間と労力、お金のかかる「管理」というものは必要なくなります。

今すぐ頭を切り替えて、外注やスタッフの人たちに仕事を依頼してみましょう。

7 雇われない生き方、雇わない生き方

戦後日本の高度成長期・安定成長期の社会では「雇われること、雇うこと」が絶大な力を持っていました。

人を多く雇って、画一的な仕事をやってもらうことが、会社の成長や発展につながっていたのです。それに伴って従業員側も、雇われて安定を保証されることが大きなメリットになっていました。

しかし、何度も言うように、これからは「縮みゆく時代」です。

高度成長期と同じ感覚ではダメです。大量生産・大量消費を前提にした「労働力による成長」を捨て、究極的には「雇われない生き方、雇わない生き方」を模索して、実行していくことが求められるでしょう。

マルクスが「資本論」で述べたように、**世の中には投資家と労働者という2種類の人間がいて、投資家が労働者から搾取することで資本主義がうまく回っています。**

『搾取』という言い方が強烈で、いい意味にとらえられないかもしれません。しかし、実際に労働者は頑張って働き、自分の給与を得るとともに、自分の給与以上の部分を稼いで資本家に提供する仕組みになっています。労働者の給与以上の部分を投資家が得ることができなければ利益は出ず、会社はつぶれてしまうことになります。そうなれば労働者も困るということになります。だから、搾取は必要なことなのです。

ただ、搾取の度合いが問題です。

「資産○百億」などの社長のセレブな暮らしぶりがテレビやネットなどで紹介されることがよくあります。皆さんも見たことがあるかもしれません。その社長が従業員を豪華な自宅に招待したり、クルージングなどをしたりしています。

ああいうものの多くが、そこに招待されている従業員からの搾取により成り立っています。もしくは、先代から継いだ資産（それも搾取の結果生まれたもの）なのかもしれません。

その社長は頑張ったでしょうし、悪く言うつもりはまったくありませんが、それらの会社の従業員は、搾取の構造にまったく気づいていないでしょう。

せいぜい、「こんな生活に憧れる」とか、「社長みたいになりたい」と思うくらいです。その社長たちもよくこんな顔をしてテレビに出ていられるな、などとひねくれ者の私は思いますが、上手に搾取しているその社長がすごいのです。

ただ、私個人としては、そのような搾取の構造を、従業員にわからせないまままうまく使うのが好きではありません。だから、人を雇わない、人に雇われない仕事をしようと言っているのです。

「縮小していく時代」には、搾取も苦しくなってきます。従業員1人1人が稼ぐ金額が小さくなるのですから、給与水準を保とうとすると、搾取度合いが小さくなります。

それならはじめから雇わないと決めてしまい、搾取するにしても経営者（＝筆頭労働者）たる自分から、投資家たる自分が搾取する、つまり1人で経営するようにすればいいのです。

これからは「個」の時代です。

成長期のように、人と同じようにしていたら儲かる時代は完全に終わっています。１人１人が何をすべきかを考え、学び、実行していくことが肝心です。

ただ雇われて搾取され、給料をもらって生きていくだけでは、ますます大変になります。**人を雇って搾取しない、人に雇われて搾取されないようにしたいものです。**搾取をするなら、自分から搾取しましょう。つまり、「１人経営」をやっていけばいいのです。

「雇わない生き方、雇われない生き方」を目指しましょう。

8 売上の上げ方（営業と集客）

1人会社で、「売上を右肩上がりに増やしていかないようにしよう」というのは、先に述べた通りです。しかし、最低限の売上がなければ、生活費を捻出することもできず、生きていくのが大変になります。最低限の売上を上げるための営業や集客方法について、考えてみましょう。

1人会社のような極小規模の会社が売上を上げるために大切なことは、大きく分けて次の2つです。

① 営業ではなく、売らなくてもお客さんがくる効率のいい商売を選ぶこと
② その商売を効率よく広めること

一つ目に大切なことは、まず「何を選ぶか」ということです。この「商売の選択」が成否を決めると言っても過言ではないでしょう。

大事なのは、**商売を決めるとき、勝手に売れるものを選ぶことです。**それは場所との兼ね合いにもなります。

飲食業であればまず、人口の多い地域で、人が多く通るところに店を構えなければなりません。飲食業は立地がすべて、という言い方をすることもあります。立地が悪ければ、いくら美味しいものを提供しようがお客さんはきてくれません。

1人会社の場合、例えば1日の来客数が10名で採算が取れてしまうなど、立地が悪かろうが商売が成立することも考えられます。それでも、ある程度はお客さんが自然にくるほうがいいに決まっています。

立地に関係なくネットで商売ができるのであれば、それでもいいかもしれません。ただし、ネットは無料で誰でも見られるので、リアルの街と同じように考えなければならなくなりました。

サイトがただあるだけではダメで、人の目につくような工夫をしなければなりません。

それについては二つ目に大切なことと絡んできますので、そちらで説明します。

「売らなくてもお客がくる」ようにするには、自分自身が有名になるという方法も考えられます。「Twitter などのＳＮＳで有名になれば、何十万人の人が勝手にサイトを見にくるわけですから、そうなれば何でも売れるかもしれません。１人で商売をやる場合、そこを目指すことも考えられます。

また、売上が多くても「粗利率」が高くなければ、商売として成立しない場合もあるので、商売の種類は慎重に選ぶ必要があります。

１億円売上げても利益が５００万円しかなければ、自分の生活費もろくに稼げない、という事態になることだって考えられます。

仕入が不必要で原価がかからない商売を選んだとしても、自分（１人社長）が毎日ほとんど寝ずに働くなどという状態だと、まったく意味がありません。

社長の労働時間も原価をなすと考え、労働をなるべく少なくして粗利を多くする、という考えでいきましょう。

これらを総合すると、**まず大切なのは、営業をガンガンやって多くの売上を上げるよりも、粗利率が高くて仕事自体の効率がいい商売を「よく考えて選ぶ」ことだ、**と言いきることができます。

二つ目に大切なのはいわゆる「マーケティング」で、商売をどのように広めていくか、ということです。

本来、商売をする上でマーケティングは一番大切なものであり、マーケティングによってお客さんを集め、その集めたお客さんに対して営業をするというのが正しい順番なのかもしれません。ただし、１人会社においては、マーケティングに頼りすぎると危険もあるということを強調しておきたいと思います。

マーケティングを駆使してお客さん候補をたくさん集め、集まったその方たちに営業をかけるというスタイルは、大量生産、大量売上方式に合ったやり方です。

１人会社においては、上げたいだけの売上を計上する、きてほしいだけのお客さんにきてもらうというやり方がいいでしょう。

不必要に売上を増やしすぎてしまうと、経費レベルも上がってしまうので、売上が減ったときに利益が出ないということになりかねません。

そう考えると、**1人会社においては、「小さなメディアをつくっておく」ことが大事になります。**

例えばブログやSNSを使って、自分の活動や商売についてわかりやすく書き、お客さん候補の人たちの心にとどめてもらうのです。毎日更新していれば、定期的にその小さなメディアを読んでくれる人が増えるので、必要なときに呼びかけるなどして売上を上げることができる可能性が高まります。

すぐに売上をつくろうとせず、地道に自分メディアをつくっていくことをやってみてはいかがでしょうか。

また、必要な売上を上げるため、絶対に特定の人に買ってもらわなければならないかというと、そうでもなく、不特定多数の人に売ることで商売が成り立つものもたくさんあります。

例えば電子出版とか株のトレード、アフィリエイトなどは特定のお客さんを集めなくても成り立つ可能性のあるビジネスです。

挙げたもの以外にもたくさんあると思いますので、自分の好きなもので商売が成り立つものはないか、いろいろと考えてみてはいかがでしょうか。

多くの人にゴリゴリに売ることだけが商売ではありません。1人会社の場合、自由度が高いので、頭の柔軟性を高めて考えてみましょう。

9 ビジネスの範囲（1人でできるビジネスを考える）

1人会社として、1人でできるビジネスには、どんなものがあるのでしょうか。また、1人でやることに有利なビジネスはあるのでしょうか。

先に答えを言ってしまうと、どうしても多人数でやらないと効率が悪すぎるビジネス以外は、すべて1人でできるビジネスであると言っても過言ではないでしょう。

飲食業やサービス業などはもちろん、建設業、製造業、小売業、卸売業(商社)、広告代理店、葬祭業、運送業、不動産業などなど、挙げればきりがありませんが、どんな仕事でも1人でやることは可能です。今挙げた業種はどれも私のお客さんや知人が実際に経営しているものです。それも、結構儲かっている会社が多いです。

大きな会社で行われていることは結局、事業を大きくして、仕事の量を増やし、それを大人数でやっているだけです。したがって、規模を大きくせずに仕事の量を抑えれば、1人で何でもできてしまうのです。

同じ1人会社であっても、ビジネスや会社によっては、まったく違う方法でやっている場合があります。

例えば運送業。私のお客さんであるA社は、大手の会社から運送の仕事をもらい、その仕事を外注先（小さい運送業）にお願いするだけです。実際の運送の仕事はせず、その仕事のコーディネートをするだけで、「大手からの売上」と「外注先への仕入れ」の差を会社の利益としています。

一方で、同じ運送業のB社は、従業員を20名程度雇って、いろいろな会社からもらってきた運送の仕事をその従業員と外注先にお願いすることで利益を得ています。

やっている仕事の内容はほぼ同じですが、一方は完全に1人で、一方は多くの従業員を雇ってやっています。

どちらもかなり儲かっているのですが、1人運送業のほうが、少ない労力の割に多くの報酬を得ています。

私がやっている税理士業においても、従来は「いかに従業員を増やして仕事をしてもらい、多くのお客さんから報酬をいただくか」ということが、ほとんどの税理士事務所の目標とされていました。しかし今は、1人でずっとやっていくか、拡大していくか、のどちらも選べるようになっています。

従来、多くの労力が必要とされていた業種であっても、ＩＴがかなり発達して便利になった結果、1人でできるようになりました。その傾向は、ますますこれから加速していくでしょう。

ＡＩ・ロボット全盛の時代になれば、どんなビジネスでも1人でできてしまうようになるはずです。

どんな業種であっても、はじめたのは1人のアイデアからであり、はじめるときは1人という会社がほとんどのはずです。人を雇って拡大しなくても、1人で何でもできるということを念頭に置いて商売をしていきましょう。

大きくしても小さくても（１人でも）できるビジネスもあれば、逆に小さくするからこそ儲かるビジネス、１人でやるほうが効率のいいビジネス、１人でなければできないビジネスもあります。

例えば作家やライターなどは、自分の頭の中で考えたものを著す作業をして稼ぐのですが、誰かと相談して考えても出てこないことが多いでしょう。漫画家はアシスタントに絵などを描いてもらわなければならない場合が多いですが、小説家や作家にアシスタントは不要です。株式のトレーダーなども、１人でやるべき仕事です。多くの人が関わってしまうと、判断が遅くなり、うまくいきません。

これからは、このような「１人でこそやる商売・仕事」がどんどん増えていくはずです。これからやっていくビジネスについて考えるときは、ぜひ「１人でできるかどうか」「１人でやることが大きなメリットかどうか」を考えてみてください。

10 1人経営の例①「飲食店」

さてここからは、ガラッと変わって「1人会社」「1人経営」の具体例を挙げていきましょう。1人会社とはどういったものなのか、ということについて、ある程度のイメージができれば大丈夫ですので、見ていってください。

まずは飲食店について考えてみましょう。

飲食店は、うまくいかせるのが非常に難しい業種だと言われています。私もそう思います。私のお客さんで飲食店を経営されている方は何人かいらっしゃいますが、とても大変です（しかし私のお客さんはすばらしくて、うまくいっています）。

飲食店のポイントは、「仕入れと労務管理」だと言われることがあります。仕入れや労務費にお金をかけすぎると、利益が出ません。

かといって、いい素材を使わないで粗悪なものを提供してもお客さんは離れます。そのあたりのさじ加減が重要です。利益が出る仕入率は30％以下などと言われますが、その範囲内でいいモノを出すことが大前提です。

私のお客さんの会社に焼鳥屋があります。他の焼鳥屋さんと鮮度が違う鳥を独自ルートで仕入して出しているのですが、その会社の仕入率は25％程度です。焼鳥自体が本当に美味しいので売上もしっかり上げていて、利益が出ています。

そして基本はやはり「味」でしょう。美味しいものは何回も食べたいと思いますから、リピーター創出のためには、やはり重要です。

また、飲食店は立地がすべてと言われることもあります。綿密な調査に基づいて立地を決めること、そしていい場所に、できれば家賃が安く、改装費もそれほどかからない（居抜きなど）状態で開業できれば最高です。

長々と飲食店のことについて書いてしまいましたが、飲食店は常識的にはスタッフとなる人を確保することが大事だと言われます。

お客さんに対するちょっとした会話やサービスなどで印象も大きく変わってくるわけですから、気の利くいい人材を確保したいものです。そうするとやはり給料も多く払わなければいけないので、経費がかかります。辞める人が多いと求人費も増えてしまいますから、人が定着することが大事です。

さらに、スタッフは多くてもいけないし、少なくてもいけない。そのあたりの難しさが、利益を安定して出すことの難しさにつながっているように感じられます。

それであれば、思いきって飲食店も「1人」でやってみてはいかがでしょうか。**自分1人の飲食店であれば、いい人材を得る必要もありませんし、人同士のトラブルも皆無です。**人件費も自分（社長）のだけです。人を入れるにしても、家族に手伝ってもらう程度であれば、給与を抑えることも可能です。


私の知人で、「1人飲食店」をうまく経営している人が複数います。1人は日本料理店で、1人はカフェです。特にカフェなどは、1人でもうまくいく業態です。

「1人カフェ」をうまく運営していくには、いくつかのコツがあります。一つは、固定客を確保することです。特に、比較的高い年齢の方々が住む大型マンションなどが近くに複数あればいいでしょう。

それと、コーヒー以外のもの、特に調理を要するようなメニューはなるべく出さないことです。調理は体力を要しますし、仕入れにおいても不利になります。厨房などの設備も負担になります。長い間続けるための体力温存と仕入率向上のために、コーヒー専門にすることがいいと言われています（参考：『インベスターZ』三田紀房著 講談社）。コーヒー豆自体は安いので、仕入を抑えることができます。

私の知人が近所でやっているカフェは、３つくらい食べ物も提供していますが、調理はほとんどせず、隣のお肉屋さんから調達したものを使っていたりします。コーヒーはこだわりの豆を使っており、淹《い》れ方も工夫しているので、とても美味しいです。店も小さく、営業時間も12時から18時と短いです。それでも少数のお客さんが固定的に入っているので、利益が出ていて、家族は充分に生活していけます。

はじめから充分生活していけるレベルのお店でいい、と割りきっていれば、１人でも可能です。

11 1人経営の例②「コンサルタント」

「コンサルタントも、1人で利益を出せるお勧めの業態です。

私がやっているのは「税理士事務所」なのですが、自分としては経営コンサルタント的な職業だと考えています。お客さんは会社、もしくは会社の経営者で、さまざまなアドバイスをすることで、売上を得ています。

コンサルタントとかアドバイザーは、はっきり言うと誰でもなれます。

以前は、コンサルタントと言えば「経営コンサルタント」しかいなかったと思うのですが、最近では「なんでもあり」の状況になっていて、「○○コンサルタント」「○○アドバイザー」などの肩書で活動している人が非常に多いです。名前をつければこっちのもの、という感じです。

もちろん、人の役に立って活躍できればとてもいいことだと思います。

コンサルタントの、経営数字上のメリットはたくさんあります。

まず一つは、**「原価がかからない」**ということです。通常、売上に対して原価が発生します。飲食店の場合は仕入高が原価となりますし、人件費も言ってみれば原価になるでしょう。しかし、コンサルタントに仕入れは必要ありません（強いて言えば知識を得るための本やセミナー代などは原価になるかもしれません）。売上がほぼそのまま「粗利」となるので、原価率の低減などを考えて売上を増やす必要がないため楽です。

また、コンサルタントには**経費もそれほどかかりません。**

事務作業をするアシスタントを雇えば人件費はかかりますが、シンプルに事業を行えば、スタッフも必要ない場合が多いです。

スタッフが必要なければオフィスも特に必要なく、自宅で開業してもいいでしょう。「自宅でやっているコンサルタントに頼みたくない」という考え方の人もいますが、気にしないお客さんもたくさんいます。打ち合わせスペースなどが必要であれば、安いシェアオフィスなどを借りてもいいのです。

したがってコンサルタントは、1人会社に向いている業種と言うことができるでしょう。そもそも組織というよりも個人の能力が発揮される仕事です。1人で会社を運営し、自分の名前で食っていくのであれば小さくても充分です。

私もお客さんに対してアドバイスをしたり、経営を改善するために何をしたらいいかということを一緒に考えたりします。

コンサルタントの副収入としては、セミナーを開催する、本を書くなどが挙げられます。知識商売ですので、知識や知恵などを文章にして売ることと結びつきやすいです。文章を書くのは1人で充分ですし、それに必要な資産もほとんどありません。せいぜいパソコンがあればいいくらいです。それでいて本が売れると多くの印税収入が入ってきたりします。

私もまだまだではありますが、本書と同じ出版社発行の『「仕事が速い人」と「仕事が遅い人」の習慣』という本が144000部（2017年7月現在）発行されており、ある程度の印税収入がありました。そのためにかかったのは、執筆時間くらいです。売れればという話ですが、割のいい商売と言えるでしょう。

コンサルタントの人は、私の職業柄知人にもたくさんいますが、もちろん本業のコンサルティングで儲けている人、セミナーや各種スクールなどを開いて儲けている人など、たくさんいます。

コンサルタントは、パソコン一つでいつでもはじめられる商売です。1人会社に最も向いている業態、と言えるのではないでしょうか。

12

1人経営の例③
「1人出版社」

先ほどのコンサルタントのところでも少し出てきましたが、これは将来実現し、増えていくであろう「1人経営」の形態です。

「出版社」と聞くと、都心にビルがあり、たくさんの人がいる大きな会社をイメージされる方が多いでしょう。しかし実際、それ以外にも多くの出版社があり、数人でコンパクトな経営をされている出版社も多いです。その極端な形が「1人出版社」というものです(勝手に名づけました)。

これからは、IT技術やAI(人工知能)、ロボットなどがどんどん発達することにより、これまで多くの人が関わってやってきた仕事を、1人でやることが可能になるでしょう。その流れに乗って、「出版」という大がかりな仕事も、1人でやれるようになるはずです。

「１人出版社」は、これまで細分化されていた仕事をほぼ１人で行う会社です。

出版は、まず著者が原稿を書き、出版社の編集担当者が編集（直したり順番を変えたり、体裁を整えたりする大事な仕事）をして、印刷所で印刷され、できた本を営業担当が書店に配り（「取次」という問屋を経由する場合も多い）、書店が売るといった感じで、たくさんの工程があります。著者が直接書かずにインタビューなどを受け、ライターがその話をまとめて原稿にする、という形態もあります。

これらの細分化された仕事は、ＩＴ化などによって、ある程度のところまでは１人でもできるようになりました。

パソコンで原稿を書き、それをネットに載せて売ることができます。

例えばKindle Direct Publishing（KDP）というサービスがあり、自分で書いた原稿をAmazonで販売することが可能です。私も数冊作成し、そのサービスを利用させてもらっています。

実際に１人出版社を運営している方とお会いしたこともありますが、「好きな内容、好きな文章を本にできて、多くの人に届けることができている」と、充実した仕事に満足されているようでした。

「1人出版社」のみならず、**これまでの古い常識では多くの人が関わらなければならないと考えられていたような仕事も、これから経済が縮小していくに伴い、1人でやっていくような例が増えていくことでしょう。**

例えば「1人自動車製作販売業」もできるかもしれませんし、「1人銀行」、「1人不動産業」なども増えてくるでしょう。既成概念を壊して、1人でやっていくことが幸せにつながっていくはずです。

「1人○○業」だと、どうしても制作や販売できる数量に限界があり、大して儲からない、と考えられています。

しかし、その「大して儲からない」が逆にいいのです。

これからは経済が縮小していくと同時に新しい技術もどんどん進歩して、社会がこれまで以上に急速に変化していきます。そんな時代には身軽であること、変化できることが大切であり、お金よりも相対的に『時間』や『体験』『幸せだと感じられる気持ち』などが重要になってくるはずです。そうすると、「楽しませる時間」を人々に与えられるような産業が重要になります。

「1人出版社」などはまさに、時間を大事にしてその時間で楽しみたいという人たちの需要に応えられる仕事です。

ぜひ、「1人○○業」を自分でも今後はじめられないか、考えてみてください。

第3章

1人会社の「お金」について考える

1 資金繰りを考えなくてもいいようにするのが経営の極意

「社長の主な仕事は、資金繰りである」などと言われることがあります。

会社では現金がなくなってしまったら、終わりを覚悟しなければいけません。ですから、当然資金繰りは重要な課題です。

しかし、資金繰りという仕事は建設的ではありませんし、未来につながる仕事でもありません。この資金繰り、なるべくやらなくてもいいようにしたいものです。

会社の規模が大きくなってきて、売上や仕入、外注費や経費の支払いなどが増えてくる。そして人が増え、給料を払わなくてはいけない。だから借り入れをする。借り入れをしたら絶対に返済期日に返さなければいけない。

このようにして、会社が大きくなってくると、資金繰りに頭を痛めなくてはならなくなります。

特に給与や借入金の返済は、遅れるわけにはいきません。給料が遅配になると、従業員からの信用が下がり、会社や仕事に不安を感じるようになります。借入金などは一度でも遅れたらブラックリストに載り、早期返済を迫られたり、今後借りられなくなったりすることも考えられます。

そもそも、資金繰りに東奔西走すること自体が、経営をちゃんとできていない証拠です。**十分な売上を計上することもできないのに従業員を増やし、設備をよくして、経費をたくさんかける、借入金を食いつぶす。そういったことが、資金繰りに悩む原因となっているのです。**はじめから無理をしなければ、資金繰りに悩むことなどありません。

経営をするにあたって、従業員を雇ったり借り入れをしたりするのであれば、毎月の売上から仕入・経費などを引いた利益が、給与の総額や借入金の返済額を上回るように設計しなければいけません。売上がいくらあり、利益がいくらあり、会社にいくらお金が残るかということを確度高く計画し、実行していくことが求められます。

もちろん、アクシデントや天変地異などによって計画が実行できないこともありますが、そういうときでも資金繰りに悩むことがないように、万全を期すことが大事です。

資金繰りに悩まないようにするためには、やはり「身軽であること」がとても大事です。人を雇わず、設備にお金もかけず、無駄な経費を使わず、借入もしなければ、資金繰りに悩むことなど皆無です。無理をして大きくしようと（大きく見せようと）するから、資金繰りに悩むのです。

そもそも、１人で経営していけば、資金繰りに悩むことがありません。**売上を大きくすることはできませんが、売上高に応じて設備や使う経費などを変えていけばいいわけです。**売上が増えても、贅沢する必要はまったくなく、地味にやっていけばいいのです。

借入も必要ありません。どうしても借り入れをしたいのであれば、「当座借越」などの枠を獲得して、例えば５００万円までは返済期限原則なしで借りられるなどにしておけばいいのではないでしょうか。

毎年の契約更新はしなければなりませんが、基本的には返す必要がないので、必要などきに借りて、必要がないときに返せばいいのです。

この「当座借越」ができるのは、医師や士業（弁護士など）など、社会的に見て信用度が高いと思われている職業や、毎年安定して利益を出しており、さらにこれまでの累積の利益も大きい会社などです。

結局は、安定度の高い仕事をして毎年利益を積み重ねていくことが、資金繰りに悩まされないことになります。資金繰りを考えない経営を目指すことは、理にかなっていると言えるでしょう。

毎月の資金繰りに頭を悩ませている社長は、なぜそうなっているのかをよく考えてみましょう。そしてその原因を取り除き、毎月利益がしっかり出るように経営構造を変えていきましょう。

経営を複雑化せず、シンプルな形にすることも大事です。シンプルな形であれば、資金繰りに悩むこともなくなるでしょう。

2 「逆算式経営計画」でお金の不安が解消する（1）

この項目は、「1人経営」のキモと言っても過言ではないくらい大切なものです。ぜひ理解して、使えるようにしてください。

経営数字を考える上でとても大切なのは、「家計と一体になって考える」ということです。それは、「家計からの逆算で、必要売上高を決める」と言い換えることができます。

通常の経営においては、「どれくらいの売上を上げていくか」にフォーカスされることが多いです。「利益」を重視する経営者ももちろんいますが、いまだに「年商○億の会社を経営している」とか、「従業員100人にもなっている」など、売上や規模が大きいことがすばらしいとされている場合が多いのです。

しかしそれは、ある意味正しく、ある意味間違っています。特に、本書を読んでいる方は、「小さな会社を経営していこう」と考えている可能性が高いわけですから、売上の規模や従業員数を追い求めていくのは正しくありません。

小さな企業の経営においては、「家計から逆算して必要売上高を求める」「必要売上高はなるべく小さくする」ことが大事です。具体的に説明していきましょう。

１人会社においては、会社を経営する（その会社に投資している）社長（つまり、本書を読んでいるあなたです）が、経営だけでなく、人生トータルを幸せなものにしていくことが大事です。規模を追い求めて疲弊したり、ストレスを溜めたりしてはいけません。

人生は、いかに幸せなときを長く過ごすかということが大事であり、そのためには仕事からくるストレスや悩みはなくすべきです。

そこで、まず何歳まで生き、何歳まで仕事をするかということを決めます。これが本当に重要です。

次に**仕事をやめてから（稼ぐのをやめてから）死ぬまでにいくらのお金がかかるかを計算します。**インフレが起こる可能性もありますが、お金の価値は今のままで進むと仮定して考えていきましょう。

総務省の統計調査（２０１７年３月）によると、夫婦２人での消費支出はざっくり月25万円、つまり年３００万円が必要ということになります。

例えば勝手に自分は95歳まで生きると決め（人生１００年時代、その可能性は結構高いです）、仕事（小さな会社の経営）を70歳までやるとします。そうすると、引退する71歳から95歳までの25年間、３００万円が必要ということになります（３００万円×25年＝７５００万円）。

この７５００万円から、もらえる年金を引きます。年金制度は崩壊してしまいますが、まったくもらえなくなるということは考えづらい。私の予測では、私（２０１７年現在47歳）が年金をもらえるのは75歳からで、毎年送られてくる「ねんきん定期便」の数字の６割程度はもらえるだろうと（やや悲観的に）予測しています。

例えば75歳から95歳までの21年間、夫婦２人で１５０万円の年金がもらえるとすると、１５０万円×21年＝３１５０万円。これを先ほどの金額から引くと、75歳までに貯めるべき金額は４３５０万円ということになります。

つまり、現在（例えば47歳）から75歳までの28年でこの金額を貯めるとしたら、年間約

１５５万円、月約13万円を貯めるという計算です。

これは非常にハードルが高い数字ではありますが、実際は貯めていく過程で金利を利用して増やしていくことが可能であること、そして、仕事引退後に少しずつ取り崩しながら生活していくわけですが、取り崩していない部分の資産も金利で増やし続けられることから、現実的に必要な貯める金額はもっと少なくて済みます。

この辺りはExcelなどを使って、複利の計算をしながら毎月の必要貯金額を決めていただければと思います。ちなみに私の場合、毎月積み立てをすることで、最低でも３％程度は（複利で）金利をつけながら貯めていけると計算しています。そうすると実際には、単純に貯めるべき額を年数で割った金額よりも、必要貯金額はかなり少なくなります。

その計算の結果、例えば毎月貯めるべき金額が約８万円、年間１００万円貯めればＯＫ、ということになったとします。この数字を基に、必要売上高を計算することができます。次項で具体的に計算していきましょう。

3 「逆算式経営計画」でお金の不安が解消する（2）

前項で、年間貯めるべき金額が１００万円であることが確定したとします。ここから逆算して、必要売上高まで求めていきましょう。

貯めるべき金額の算出が第一段階だとすると、第二段階は「役員給与（自分の給与）」を求めることになります。

大原則として、**家計においては、もらった給料（税引前の額面）を、税金・生活費・将来への投資に均等３分割すると覚えておいてください**（１０３ページ図参照）。この割合を基に計算していきます。

例えば年収６００万円であれば、税金や社会保険料で２００万円、生活費に２００万円使えて、将来への投資として２００万円残していきましょう、ということです。これを守れれば、将来への備えは万全でしょう。

ただ、子どもがいる家庭などにおいては、生活費にもっとお金がかかることも考えられます。その場合、住居費（家のローンなど）と教育費は、将来への投資（将来困らないように今から払っているお金と位置づけます）として取り扱ってもいいでしょう。

それでも最低数十万円は、純粋な将来への投資（貯蓄）として残しておいてもらいたいとは思います。生活費とローン、教育費の合計が３５０万円、将来への貯蓄が50万円となっても、まあ許せる範囲です。

収入が少ない場合は、税金や社会保険料も、収入の3分の1より小さくなると思われます。その場合は、その小さくなったあまりの分を、将来への投資もしくは生活費に充てればいいでしょう。

「1人経営」をする場合に大事なのは、役員給与を『逆算』して求めることです。

まずは生活費をすべて見直し、無駄な出費を減らす計画を立てましょう。その上で、住宅ローンや子どもの教育費なども鑑みて、生活費と将来投資の金額を算出します。

例えば、生活費（食費、日用品費、被服費、交際費、通信費、水道光熱費、小遣いなど）が家族全員で３２０万円かかるとします。そして住宅ローンが年間１００万円、教育費が年間80万円かかるとします。このとき、ローンと教育費を将来投資だととらえ、さらに貯蓄（投資）額として１４０万円という設定をすると、ちょうど生活費と将来投資が３２０万円ずつになります。

これにより税金社会保険料も３２０万円（１／3ずつだから）と求められ、必要な役員給与額は９６０万円（月80万円）ということになります。

これがちょっと厳しいと感じられる場合は、生活費をなんとか削れないかと考えます。年間40万円削って２８０万円だとすると、貯蓄が１００万円（２８０万円－住宅ローン１００万円－教育費80万円）となり、税金も２８０万円となります。したがって、必要給与額は８４０万円（月70万円）に減ります。このようにして微調整していくわけです。

通常は、生活費だけで手いっぱいになってしまいますが、ここはなんとか頑張って将来への投資額を確保しなければなりません。

もちろん、「子育てが終わるまでは、生活費がかかるのは仕方ない」と妥協して、投資額を減らしてもまあ許されるでしょう。ただ、繰り返しますが、将来のために、年間数十万円は最低でも投資しておきたいものです。

このように逆算して、役員給与額が求められたら、あとは簡単です。「１人経営」の基礎数字を頭に入れておいて、それを適用してください。

「1人経営」の基礎数字については、答えを先に言ってしまうと、「粗利額を、役員給与4：経費4：利益2に分配する」というものです。

例えば粗利が２０００万円あるのであれば、役員給与は８００万円出してもＯＫ、経費も８００万円まで使ってＯＫ、そして利益を４００万円残しましょう、というものです。

この基礎数字を使って逆算していきます。

先ほどの例で、必要役員給与額が８４０万円だとすると、２１００万円（８４０万円÷０・４）が、必要な粗利額となります。

粗利というのは、売上から、売上のために必要不可欠な費用（原価）を引いたものです。飲食店の場合は仕入額が原価になりますし、外注先に仕事をお願いしている場合は、その外注費が原価となります。

売上から原価を引いた『粗利』をまず求め、そこから『原価率』（もしくは粗利率）を利用して、必要売上高を逆算で求めます。

粗利が2100万円必要、原価率が30％（粗利率70％）の場合、2100÷0・7＝3000万円。これが必要な売上高となります。

「1人経営の基礎数字法則」と、「必要役員給与の算出法」を使うと、生活費や将来への投資額などから、必要売上高まで決まってしまいます。そしてそれらの法則は、割と厳しめの数字となっており、達成できれば必ず経営はうまくいく（お金の面では）と言えるのです。

必要な粗利を逆算して求める

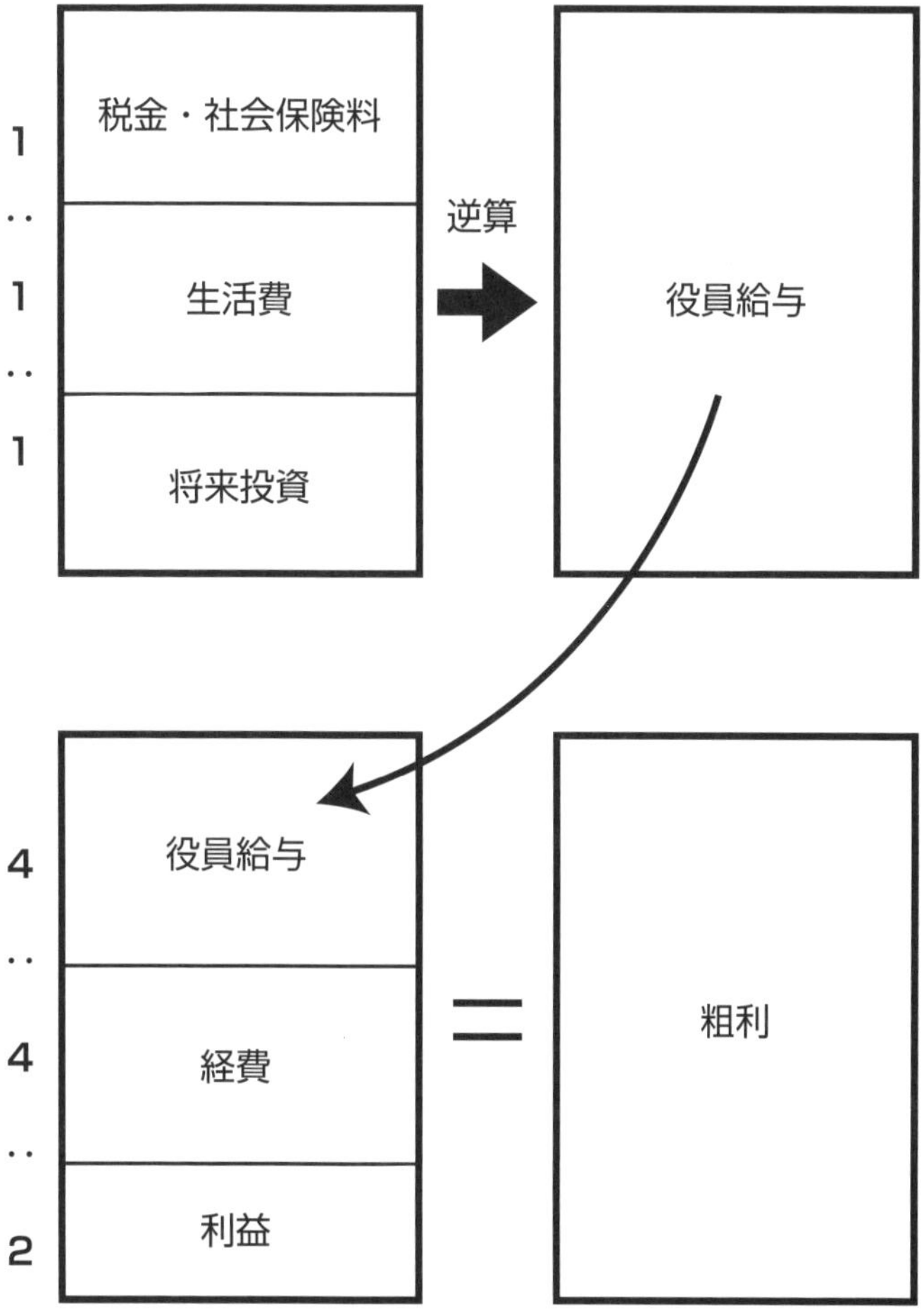

4 税金の知識はこれだけわかれば万事OK！

逆算式経営数字の求め方について解説しました。ものすごく大切なことなので、ぜひ頭に入れておいてください。これから、経営数字の法則を守るために気をつけるべきことを説いていきます。

まずは、税金の話です。結論を言ってしまうと、経営者の方は、税金の細かいところまでわからなくてもまったく問題ありません。むしろ、中途半端に知識を身につけても意味がありません。ざっくりと、大雑把に把握できれば大丈夫です。

ざっくりと把握してもらいたいもののまず1つ目は、**税金の率**です。これは頭に入っていないと「あれ？ なんでこんなにお金が増えないの？」ということになりますのでご注意ください。

税率といっても、法人と個人では税率が違います（１０９ページ図参照）。法人税は現在随分安くなってきており、利益が８００万円以下の部分では、地方法人税を含めて15・66％となっています。８００万円を超える部分は、地方法人税含めて24・95％、つまり約25％です。

例えば利益が１０００万円出れば、その１０００万円に25％をかけるのではなく、まず８００万円以下の部分が約15％で、残り２００万円の部分に約25％がかかるという計算になります。したがって、無理に利益を８００万円に抑えても意味がありませんので、ご注意ください。

法人の利益に対しては、法人税と地方法人税の他に、地方税（事業税や住民税）がかかります。これらを足した合計の税率は、８００万円以下の部分が約23％、８００万円を超える部分が約35％と覚えてください。

利益１０００万円のとき、全部の税金の合計がざっくり２５０万円くらいかかると思っていればいいでしょう。

個人への税金は、所得が多ければ多いほどけっこう多額になります。

税率の区分が多いのでややこしいですが、所得税と住民税を合わせた税額は、課税所得300万円（額面給与700万円【※家族4名としたときに課税対象となる所得】）の場合、所得税と住民税で大体50万円引かれます。課税所得500万円（同900万円）で約100万円。課税所得700万円（同1100万円）で約170万円程度と覚えておけばいいでしょう。

これとは別に、社会保険料が額面給与の15％程度もかかります。課税所得500万円（額面給与900万円）の場合は135万円です。

つまり、**課税所得500万円（額面給与900万円）の場合、税金と社会保険料の合計でざっくり235万円かかるという感じです。額面給与に占める税金と社会保険料の割合は約26％ですが多めに約3分の1とみておけばいいでしょう。**

引かれる税金のイメージを、このように押さえておけば問題ありません。

例えば法人に最低でも毎年200万円残したい、ということであれば、200万÷

（100％－23％）＝約260万円の税引前利益を残せばいい、ということになります。もしくは税金を多めに見積もって、利益が1000万円出るのなら、残るのは650万円（税率35％と仮定）だな、といったイメージを持っていればいいでしょう。

利益が出たときに、税金をなるべく払いたくないという社長は本当に多いです。そのため税理士は節税を検討するのですが、基本的には、万能で永久に税金が減るような節税はほとんどありません。

ほとんどが、税金は減るけどお金も減るというパターン、そして税金の支払いを未来に繰り延べるというパターンです。どちらにせよ、結局は将来との差し引きでよくて±ゼロ、悪いとマイナスになってしまいますのでご注意ください。

税金を減らすことを考えるのであれば、政策上設定された、税金が減る「特別控除」を検討してみてください。

例えば一定の設備を購入したときとか、試験研究をしたときとか、従業員の給与を増やしたときなどには特別控除の制度があります。特別控除は、お金を減らすことなく税金が直接減り、あとに影響がないので、使えるのであれば使ってみましょう。

利益が1000万円出たときに、税金が300万円だとすると700万円も残ります。このとき、300万円の税金が惜しいからと、500万円の買い物をして利益を500万円に減らしたとします。すると税金は125万円くらいなので、375万円残ります。しかし、もともとは700万円も残るはずだったのに、手元のお金がほぼ半減してしまいました。

もしこのような節税をするなら、許されるのは「効果のある広告宣伝に使う」くらいでしょう。結局はお金が減り、のちのち大変になることが多いのです。

利益の計算をするときは、はじめから税率を頭に入れた上で計画を立てておけばいいのです。つまり600万円残したいのであれば（税金40％と余裕を持って計算し）、1000万円の利益を出す計画を立てればいいでしょう。

あとは、消費税の基本的なルールさえ把握しておけば、特に税金のことをくまなく知らなくても大丈夫です。細かいことにはこだわらず、正々堂々と勝負していきましょう。

法人に対する税金

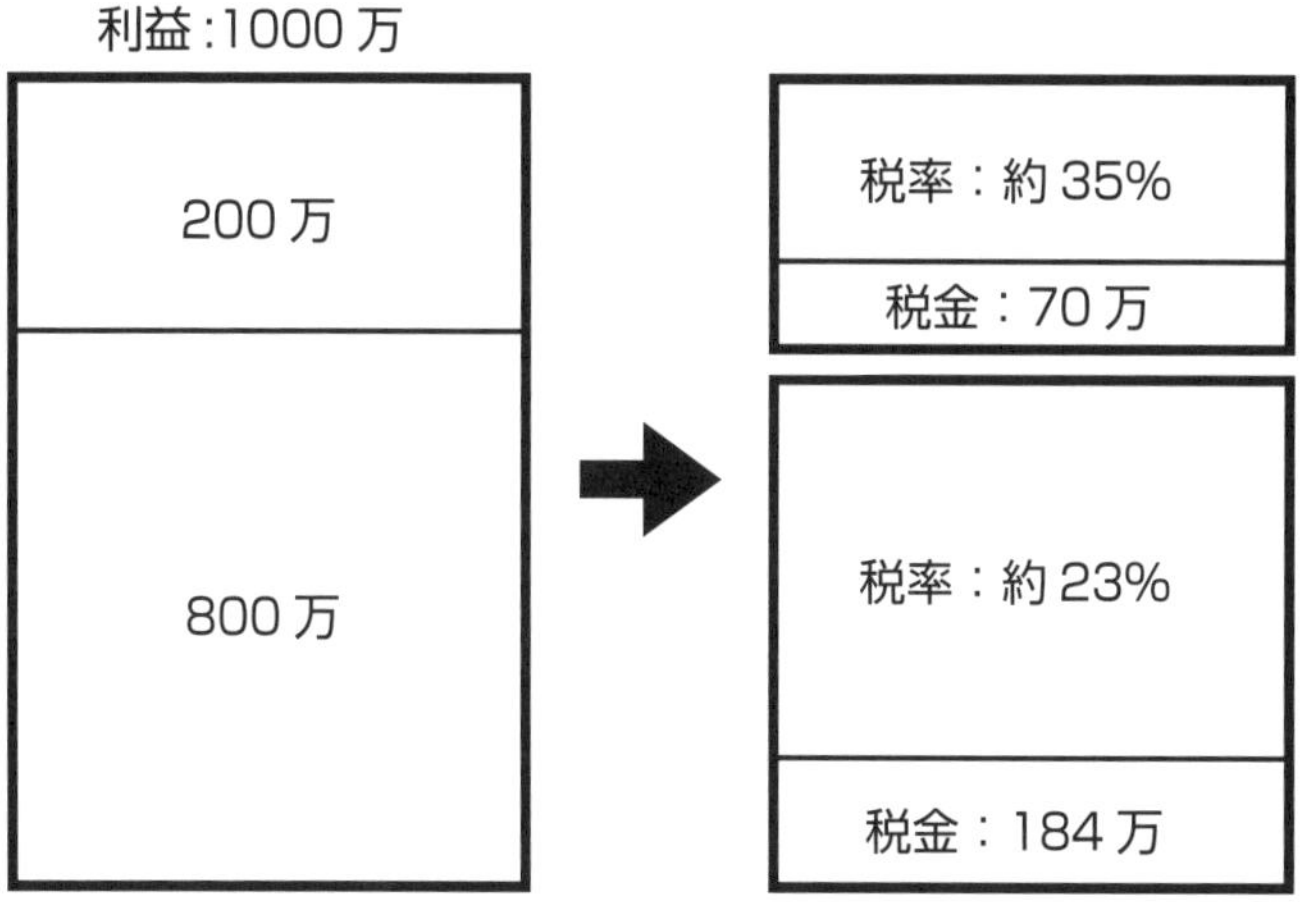

800万を超えたからといって、
全体の税率が35%になるわけではない

個人に対する税金

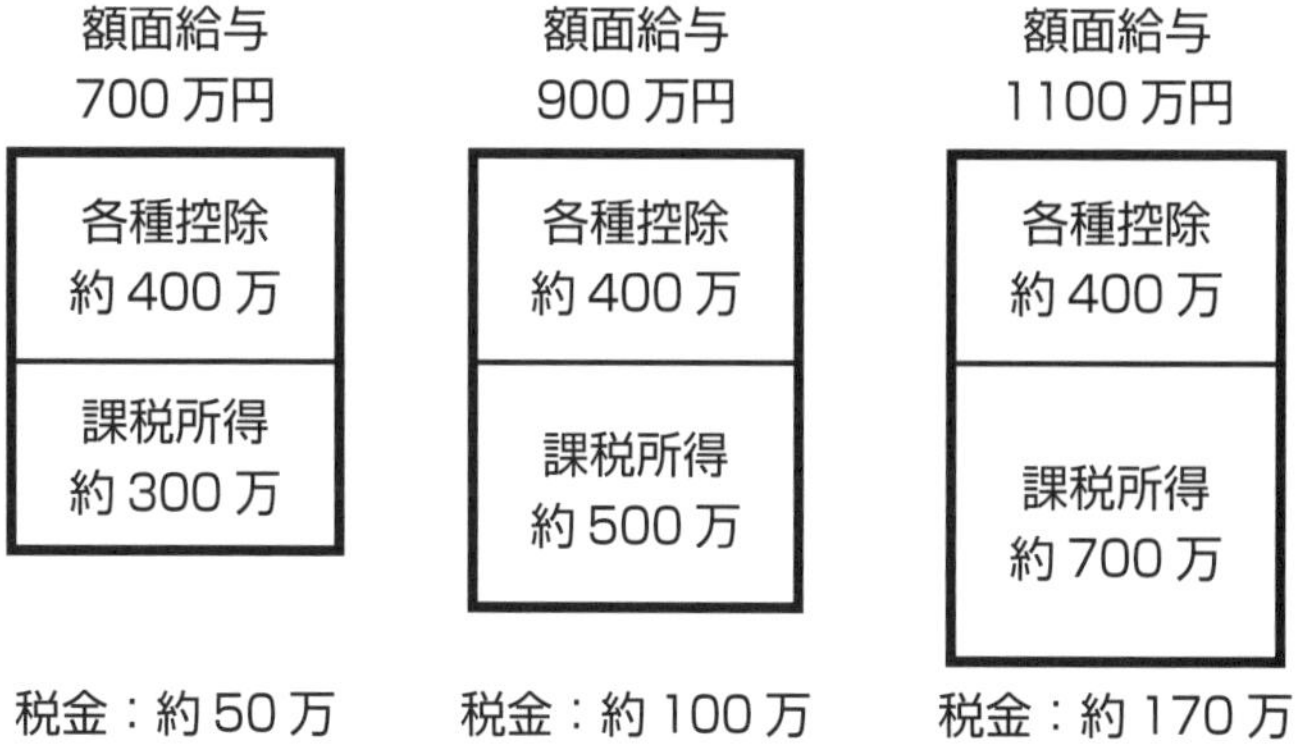

税率は課税所得が多いほど高くなる

5 公私混同をしないことが経営成功のポイント

会社をつくり、1人で経営していくときに、よく失敗するのが「公私混同してしまう」ことです。

公私混同の代表的なものは、会社のお金を代表者である社長が使ってしまうこと、借りたまま返さないこと、逆に会社にお金を入れてそのままにしていること、などが挙げられます。そしてこれは犯罪（脱税）に近いですが、家族（プライベイト）の旅行や食事などを会社の経費で処理するというものです。

1人で経営するのですから、どうしても第三者のチェックなどがなく、甘くなります。一度やってしまうと、これくらいはいいだろうと、何度もやってしまう場合が多いのです。特に多いのは、会社のお金を勝手に引き出して拝借することです。これは会計上、「使途不明金」的な扱いになり、会社が税金を余計に払わなければならない事態にもつながります（「役員賞与」として課税されると、税金が二重にとられたりします）。

以前の私のお客さんで、家族での食事や旅行や服を買った代金を会社で経費処理する社長がいました。何度申し上げても直らず、結局会社がうまく立ち行かなくなりました。

このような意識を正すのは、なかなか難しいものです。１人だと、どうしてもなあなあになり、会社と個人の境目がなくなりがちです。

そうすると、会社としてどれくらい儲かっているのかといった評価ができなくなります。結果、「儲からない会社」「資金繰りに追われる会社」になってしまうのです。


大事なことは、まずはじめに会社に「投資」した金額の範囲で事業を進めていくことです。

最初に例えば５００万円、資本金として会社に入れたのであれば、その５００万円を元手として、どうやってお金を増やしていくかを考えましょう。それ以上は、社長個人から会社へつぎ込まないことです。

社長が会社に運転資金を拠出する（会社から見ると、「役員借入金」となります）ことは、税金においても何ら咎められません。しかし、それをいいことに、会社にお金が足りなくなったからといって個人から拠出を繰り返しているとどんどん苦しくなり、社長から資金を出すことができなくなったとき、破たんすることになります。

経営で大事なのは、「投資」の感覚です。

まずはじめにいくら会社に入れるかを決め、そしてその入れた金額の範囲内で会社を回して資金を増やしていくことが大事です。

はじめに投入した資金がなくなりそうだからといって、追加で資金を五月雨式に投入していては、いくらの投資に対していくら回収できているのかが、把握できていないことになります。投資と回収の効率を良くしていくことが経営です。それが図れなければ経営者としては失格でしょう。

もし、**はじめに投入した資金（先ほどの例では500万円）が枯渇してしまったら、その事業はもうやめる、という選択が必要となります。**

このように、最初に投入した資金でブロックしてしまうのが経営（兼投資）であり、公私混同していない、ということです。

公私混同しないためのコツがあります。

それは、会社についてよく考えることです。

会社というのは、基本的に株主のものです。株主が出資することで会社ができているのです。社長は、その株主が所有する会社から「雇われている」だけの存在と言えるでしょう。

「１人経営」の場合、株主＝社長なわけですから、自分の中でこれを分けて考えることができるかどうかがポイントです。

株主は投資の観点で物ごとを考える。つまり、最初に投入した資金をいかに増やすかを考えます。投資家と違って社長は、利益を出して株主に貢献する必要があり、その対価として報酬をもらいます。

これらの立場と役割をよく考えながら、物ごとを進めていくことが肝心です。

社長としての報酬を優先すれば、会社の価値が上がらなくなります。投資家と社長（役員）は、基本的には利益が相反しています。日々の経営判断において、どちらを優先させるかが大事です。会社をやっていくのであれば、株主優先が正解です。

自分で分けて考えるのは難しいですが、大切なことなのでぜひやってください。

6 お金計画シートで目標と実際を比べ、改善していく

話はまた変わります。これまでに書いてきた大事なことを踏まえて、「1人経営」をどう成功させていくか、ということを考えていきましょう。

まずは、「お金計画シート」について述べていきたいと思います。

「お金計画シート」とは、これからの人生全体について、お金面での計画をExcelシートに記録するものです（119ページ表参照）。お金という面では、このシートさえあれば安心して生きていくことができます。

まず、空白のExcelシートを用意してください。

横軸が年を表すことになり、2017、2018、2019年…と右に伸びていきます。

年の下には自分の年齢を書いていきます。配偶者や子どもたちの年齢も書いていけばいい

でしょう。

縦軸には、収入や支出の項目を書いていきます。

一番上には会社（事業）の売上高（お客さんや売上の内容ごとに分けてもＯＫ）がきて、その下には会社の経費を列挙していきます。経費は、役員給与、給料、水道光熱費、事務用品費、交際費……といった感じで下に並べていきます。

売上高から仕入高を引いたものを、仕入高の下に「粗利」として計算し、粗利（もしくは売上高）から経費合計（給料、外注費などを合計した数字）を引いた数字を「営業利益（税引き前利益）」などと表していきましょう。そのあたりの計算式・集計などは自分がわかりやすいようにしていただいて結構です。

会社の純利益（税引後利益）が出れば、その下に個人の収支を書いていきます。会社から役員給与をもらう場合は、それが個人の収入になりますので、上のほうに書いた役員給与の数字を持ってくるようにします。役員給与の下には、その他の収入をリストアップし、合計額を「収入合計」として計算します。

その下は、個人の支出（経費）です。水道光熱費や通信費、交際費、図書費、医療費、食費や日用品費などをわかりやすく項目分けし、リストアップしていきます。税金・社会保険料などもリストアップします。ただあまり細かく分けすぎると、数字を入れていくのが大変ですので、ある程度まとめたほうがいいでしょう。

個人の収入合計から個人の支出合計を引いたものが、個人の黒字（残るお金）になります。その金額を将来のために貯めていくのです。

これを100歳まで、年ごとに数字を入れていきます。**大事なのは、なるべく経費や生活費などの支出を少なめに設定しておくことです。**少なめにしないとお金が残りませんし、まずはコストダウンをすることから家計改革がはじまります。

はじめから支出を少なめに設定しておき、「この数字を守る」と決めてしまったほうがいいでしょう。本当は余裕を持った予算を立てたいところですが、それでは厳しいコストダウンを実現することができません。

１００歳まで、何らかの収入を発生させておいてください。もちろん年金はありますが、年金は毎年くる「ねんきん定期便」の金額×60％くらいと少なめに見積もっておいてください。そうすると、たいていの場合、年金だけでは生活できないという計算になります。

だから**１００歳まで、何らかのことをして収入を得ることを計画に織り込んでおいてください。**これから準備してその気さえあれば、少額は稼げるようになるはずです。

マイナス（赤字）額が多くなるようでしたら、さらにコストダウンを検討し、それでもどうしようもないのであれば収入を増やすしかありません。

そもそも、収入より多くの経費を使うことが問題なので、コストダウンが最優先にはなるのですが、絞っても水滴が出ない状態になれば、収入を増やすしかありません。どうやって収入を増やすか、必死に考えてみてください。

表に数字を入れ終わったら、収支の結果が一番下に出ます。年毎に計算された収支を累積していき、１００歳までプラスで終わるかどうかを確認してみてください。

結果的にマイナスであっても、なんとかならないことはありません。

若いうちに稼いだプラスの金額を、毎年しっかり投資していくのです。仮に年3％で増やしていければ、大概ずっと、人生トータルの収支はプラスになるはずです。累積の利益（プラス）に毎年3％の利息を足していくような形で計算してみてください。

100歳まで生きるかどうかはわかりませんが、とりあえず100歳までプラスで過ごせることがわかれば、それはそれで安心できるはずです。表の細かいところはあとから修正するとして、まずは大枠からつくってみましょう。

お金計画シート例（一部抜粋）

	2018年	2019年	2020年	2021年
自分	37歳	38歳	39歳	40歳
妻	35歳	36歳	37歳	38歳
長女	12歳	13歳	14歳	15歳
【売上】	2018年合計	2019年	2020年	2021年
合計	11,160,000	11,160,000	11,160,000	11,160,000
仕入高	600,000	600,000	600,000	600,000
粗利	10,560,000	10,560,000	10,560,000	10,560,000
【経費】				
役員給与	7,200,000	5,760,000	5,760,000	5,760,000
水道光熱費	120,000	120,000	120,000	120,000
事務用品費	24,000	24,000	24,000	24,000
旅費交通費	300,000	300,000	300,000	300,000
法定福利費	35,000	35,000	35,000	35,000
支払手数料	12,000	12,000	12,000	12,000
保険料	50,000	50,000	50,000	50,000
その他経費	360,000	360,000	360,000	360,000
合計	8,101,000	6,661,000	6,661,000	6,661,000
税引前利益	2,459,000	3,899,000	3,899,000	3,899,000
法人税等	1,500,000	1,500,000	1,500,000	1,500,000
税引後利益	959,000	2,399,000	2,399,000	2,399,000
【家計】				
役員給与	7,200,000	5,760,000	5,760,000	5,760,000
収入合計	7,200,000	5,760,000	5,760,000	5,760,000
【生活費】				
車税金保険高速代	122,160	122,160	122,160	122,160
電気	87,502	87,502	87,502	87,502
水道	68,340	68,340	68,340	68,340
電話＋ネット	94,148	94,148	94,148	94,148
生命保険	180,000	180,000	180,000	180,000
固定資産税	168,200	168,200	168,200	168,200
食費＋日用品	1,200,000	1,200,000	1,200,000	1,200,000
小計	1,920,350	1,920,350	1,920,350	1,920,350
【将来投資】				
住宅ローン返済	1,080,000	1,080,000	1,080,000	1,080,000
学費	720,000	720,000	720,000	720,000
小計	1,800,000	1,800,000	1,800,000	1,800,000
【税金】				
源泉所得税	480,000	480,000	480,000	480,000
住民税	360,000	360,000	360,000	360,000
健康保険	600,000	600,000	600,000	600,000
国民年金	402,400	402,400	402,400	402,400
小計	1,842,400	1,362,400	1,362,400	1,362,400
個人支出合計	5,562,750	5,082,750	5,082,750	5,082,750
個人収支	1,637,250	677,250	677,250	677,250
貯金額	3,000,000	3,677,250	4,354,500	5,031,750

7 減らすのが超難しい「固定費」を増やさない

前項で「コストダウンがまずは大切」と書きましたが、その大事なコストダウンをするための秘訣を紹介しましょう。

コストを減らすために大事なものは、「固定費を減らす、増やさない」というものです。

当たり前に見えてとても重要なことですので、ここで説明します。

固定費とは、毎月もしくは毎年必ずかかる費用のことを言います。

例えば、家賃、水道光熱費などもそうですし、借入をしている人は利息なども固定費となります。また人を雇うと固定費がたくさん発生します。給与はもちろんのこと、法定福利費（社会保険料など）、消耗品費、通信費など、多くの費用が発生してしまいます。これらの費用は売上がなくてもかかるものです。ですから、固定費が多いと、売上が少ないときに利益を圧迫し、困ったことになります。

固定費が少ないと、経営が断然楽になります。極端に言うと、固定費ゼロであれば、自分や家族が食べていける分だけを稼げばよく、無理をする必要がなくなります。

完全にゼロとはいかないかもしれませんが、一度ゼロベースで考えてみてください。どうしても必要な固定費は何か、そしてその最低限の固定費で経営した場合、最低いくら稼げばいいのか。常識や今までの固定観念をとっ払って、ゼロから考えるのが有効です。

もちろん、「1人経営」なのですから、家計においても固定費を減らすことは有効です。事業と同じように家計でも、無駄な固定費（必要のない車の維持費、携帯電話の必要のないサービス料、必要以上の保険料、行かないスポーツジムの月会費など）を払っている場合があります。家庭の固定費が減れば、さらに稼ぐべきお金も減っていきます。

家庭の固定費も同様に、削減するのは大変です。まずはなるべく増やさないように心がけましょう。

8 毎日コストダウンをしていく

固定費を安易に増やさないということは、おわかりいただけたかと思います。ここでは、すでに固定費がかさんでしまっている場合に、コストダウンをいかにやっていくかをレクチャーします。

コストダウンの秘訣は、「とにかく毎日コストダウンをすること」に尽きます。

固定費を減らす（コストダウン）のは本当に大変なので、毎日考え、少しずつ実行していくのが大事です。

コストダウンを実行していくのは、とても面倒くさいです。

例えば携帯電話を考えてみてください。iPhone を契約すると、毎月通信費や端末代の分割払いなどが発生します。いろいろなサービスを付加すると、解約が面倒です。２年縛りで、ちょうど2年目の1カ月だけしか解約できない（それ以外は多額の手数料がかかる）場合などもあり、解約のタイミングを考えなければならなかったりします。今は格安SIMに切り替えることもできますが、それも一般人にはなかなかハードルが高かったりします。

敵（経費の支払先）もさるもので、なかなか解約したり安くしたりすることが難しい。解約の手続きがわかりにくかったり、解約するのをわざわざ電話などで伝えなくてはいけなかったりします。

ただ、そこは心を鬼にして、コストダウンに努めましょう。

コストダウンをやっていく上でのポイントをお伝えします。

まず一つは、「一網打尽方式」です。

例えば、**事務所を思いきってやめたり、安いところに引っ越したりすれば、一気にコストが下がります。**

事務所の面積が半分になれば、もちろん家賃も安くなりますし、水道光熱費なども当たり前ですが安くなります。狭いので、入る機械や備品なども限られ（例えば複合機のリースをやめて、安価なモノクロ複合機に変えるなど)、それだけで毎月かかる経費が減っていきます。

事務所を思いきってやめ、自宅や公共の場所・カフェなどで仕事をすれば、もっとコストが下がります。カッコよさや見栄を重視して事務所を選んだ場合、それに付随する経費がどんどん増えるので大変です。

最近では便利な機器なども増え、自宅で仕事をしても支障はありません。スマホが1台あれば何の問題もなく仕事ができる、という人も多いでしょう。

もう一つのコストダウンのポイントは、**「とにかく使わない方式」**です。

毎月引き落とされる固定費などはコツコツ減らしていくとして、その他の経費は「とにかく使わない」と決めてしまうことで、減らすことが叶います。

例えば「1日1000円しか使わない」と決めてしまえば、毎月3万円しか使いません。基本的に、外出をすればお金を使ってしまうという人は多いでしょう。私もその1人です。

外食をしたり、読んでない本がたくさんあるのに買ってしまったり、移動にお金が必要だったり、どうしても使ってしまいます。外出をなるべく控えて、外食なども減らして自宅でご飯を食べ、毎日お金をあまり使わないと決めてしまうのです。

外注仕事のマッチングを行う「クラウドワークス」の吉田浩一郎社長は、ゼロから会社を立ち上げ、「1日1000円で過ごす、1日も休まない」と決めて活動し、会社を上場させるまでになりました。

これを真似して、1日1000円で過ごし、自分の仕事を頑張っていく、というやり方もあるでしょう。なんだか初歩的な話かもしれませんが、このような考えが大事だったりします。

コストダウンは、自分に甘えているととても難しいです。毎日毎日自分を叱咤激励し、コストダウンを心がけましょう。すっきりしたシンプルな経営で、集中して売上を上げ、利益を出していくのです。

9 コストダウンのコツは「やめること」

もう少しコストダウンのやり方について考えていきましょう。

コストダウンのコツの一つとして挙げられるのは、**「大きな経費から見直していく」**ことです。

例えば家計ならば、家に関わる費用や車に関わる費用を見直していくということです。思いきって移住するとか、家を安い物件にするなどしたら、その後のコストは大幅に下がります。また、外車をコンパクトカーなどにすれば、経費が大きく節約されます。

事業においても同じで、瀟洒《しょうしゃ》なオフィスをやめればコストが大きく節減できます。これまで当たり前のように使っていた経費を、「ゼロベース」で減らしていけばいいのです。

毎月膨大にかかっている経費は、会社をはじめる前はまったくなかったものです。これまでの歴史で、少しずつコストを増やしてきてしまったのです。それを一つ一つ減らしていくのはなかなか難しいので、「もともとないもの」と仮定して、必要なものだけを残すようにするのです。そうやってコストを減らすのも有効です。

もう一つ、コストダウンのコツを挙げるとすると、**「やめること」**です。

多くの人は、コストを下げようとするとき、減らそうとします。

例えば買い物をするときは、より安いものを探して買うなどします。また、事務所などについても、今の家賃が20万円であれば、15万円の物件を探そうとします。

しかし、それらを積み重ねても、大したコストダウンにはなりません。ドラスティックにコストを下げるのであれば、「やめてみる」ことをあえてやってみましょう。

先ほど述べたオフィスについて考えると、「オフィスをやめてみる」というのもいいやり方です。

会社を経営しているのであれば、オフィスの一つや二つくらいあるというのが常識的な考え方ですが、それが正解ではないかもしれません。こんなにITが発達してきたのですから、もう人が一つの場所に集まる必要もないのではないでしょうか。

従業員（パート、アルバイト）には、自宅でもしくは自宅近くのレンタルオフィスやカフェなどをうまく利用してもらって働いてもらうのです。

通勤時間もバカになりませんし、通勤費だって無駄です。オフィスをなくせば従業員が使うさまざまなものも必要なくなります。家賃はもちろん、水道光熱費、通信費などもなくすことができたら、大きなコストダウンになります。

これからの時代、「通勤時間ゼロ」で、自宅で仕事をすることが最先端になってくるでしょう。大きな会社で働いているビジネスマンにも、自宅勤務命令が出たりしているのです。小さな会社はオフィスをなくし、それぞれが（1人の場合は自分が）自宅で仕事をするということを考えてみてください。

自宅ではどうしても集中できないという人もいるでしょう。

私も税理士事務所を開業した当初は自宅でやっていたのですが、子どもがうるさくて仕事にならないこともありました。しかし十数年後、子どもが大きくなって、特に午前中は家にいなくなり、家で仕事をする時間が増えました。

「会社や事務所でしかできない仕事」があるとするならば、それはなくしていかなければなりません。**どこでも仕事ができるようにすることが大切です。**

事務所以外にも、やめようと思えばやめられるものはたくさんあるはずです。「これまでやってきたから、必要だったから」などの理由はいったん棚上げして、本当に必要かどうかで考えてみましょう。大概のものは必要ないはずです。

こうやって考えながらやめていけば大きなコストダウンになり、利益がしっかり確保できるはずです。必要売上高も小さくなるでしょう。

10 コストダウンのためのTIPS

コストダウンのコツは「やめること」だと書きましたが、もう少し細かく、コストダウンのコツをいくつか紹介したいと思います。

1．移動を減らす

移動することにはコストが伴います。移動といってもいろいろありますが、すべてに当てはまります。移動を減らせば、コストダウンになります。

私のお客さんでタクシー貧乏になっている方がいます。「お金で時間を買う」という意味では、地下鉄などで移動するよりは、タクシーに乗って移動するのが正解なのですが、あまりに多く乗りすぎるとお金がかかって仕方ありません。

電話だって運転手さんに内容を聞かれるのは良くないですし、タクシー乗車中は何もできません。それなら電車と歩きで移動します。お金も全然かかりません。

2. クレジットカードを使わないか、使うなら厳格に管理する

世の中は便利になり、今はキャッシュレスで何でも買えるようになってきました。

クレジットカードも便利で、ネットでの買い物の決済をカードですると、とても楽です。私もAmazonで買い物をするときやＪＲ新幹線の切符、航空券を買うときは、すべてクレジットカードでやっています。便利だから使わざるを得ません。

ただ、基本的にこれ以外のものはほぼ現金払いですし、飲食店などでカードを使うこともありません。

また、クレジットカードで使ったものは、買った瞬間に会計ソフトに入れて管理しています（カードを使うもののほとんどが経費になるものであるため）。

カードを使うなら厳格に管理して、今いくら使っているか、いつ引き落としになるかなどを把握できるようにしてください。

また、カード決済は本当に簡単で、使っているという感覚がなくなるので、注意してください。実態は支払いを先延ばししているだけです。

11 「年収を減らす」ためにやるべきこと

話は少し変わり、ここからは今後自分を「小さく」していくためにどう考えるか、ということを述べていきます。

日本の経済は今後ずっと小さくなっていきます。それに対抗して自分は大きくなっていくというのもいいですが、すべての人が大きくなれるわけではありません。

全体が右肩下がりになっていくのであれば、自分もそれに合わせて縮んでいく、というやり方もアリです。

自分を小さくしていく方法の一つが、**「年収や売上を減らす」**ということです。

ここまでで、必要な年収や必要売上高は、死ぬまでに必要な生活費や、今必要な生活費から逆算して計算するという話をしました。これを考えると、死ぬまでの生活費や今の生活費を減らす設定をすれば、年収や必要売上高は減ることになります。それを積極的にやっていきませんか、というのが私からの提案です。

『減速して自由に生きる――ダウンシフターズ』（幻冬舎）という著作がある高坂勝さんは、「ダウンシフト」という概念を提唱されていて、それを実践しています。本業は池袋にある小さなオーガニックバーの経営なのですが、千葉県の匝瑳《そうさ》というところで土地を借りて米や野菜をつくり、それらを店や家で消費しています。

生活設計をする上では、まず「ライフサイクルミニマムコスト」（最低限、どれくらいの金額で生活をしていけるか）を計算して、そこから「これだけ売上があれば充分生きていける」という額を逆算で決めています。

逆算で出てきた必要売上高が月60万円だとしたら、週休3日（高坂さんのお店は土日月が休みです）で月平均して17日くらい、つまり1日3・5万円の売上で達成できます。客単価が4000円だとすると、1日9人の来店で達成できる数字です。

高坂さんのオーガニックバーは13人で満席になるのですが、満席にならなくても充分生きていける、という計算をしています。

普通、飲食店をオープンする場合、こんな考え方をすることはありません。立地や内装、提供する料理などを徹底的に考え抜き、1人でも多くの方の来店を目指すでしょう。

このような考え方は、日本が右肩上がりの時代にはよかったのですが、これからは「右肩下がり」の時代に入ります。その中で右肩上がりに売上をどんどん伸ばしていこう、というのは無謀です。実現できるのは一握りの実力者です。

自分に自信があるのならやっていいと思いますが、そうでなければ、「生きていける給与（年収）、売上高」を逆算で求めるのが正解ではないでしょうか。

生活費や事業にコストをかけなければ、飲食店でも1日5人の来客で済むとか、1日数万円の売上で充分生きていけるという事業はたくさんあります。

自分が好きなものをやっていくことは大事ですが、**コストのかからない事業を探し、生活費をコストダウンして、必要な売上高つまり仕事量を減らしていく、という考え方が今後必要になるでしょう。**

「年収を減らす」「年商を減らす」となると、他と比べて情けなくなることもあるかもしれません。

例えばテレビで「年商○○億！」とか「セレブな生活。年収1億円」など喧伝されますが、それを羨ましいと思う人は、そこを目指していってください。

しかし、他人と比べる必要などまったくありません。自分が好きなことをあまり時間をとられずにやっていくことが今後の幸せにつながっていくと私は見ていますし、実際そうなるでしょう。

将来と今の生活費をなるべく減らし、贅沢はせず、事業の経費も使わず、必要な売上高を減らして生きていきましょう。

12 1人会社で残った利益をどうするかは超重要

経営計画を立ててコストダウンをし、売上を上げて利益を出す。ここまではいいでしょう。

では、利益を出したらその利益をどうすればいいか、という話をします。

経営計画においては、粗利（売上−原価）を、役員給与4：経費4：利益2に分配すると先に述べました。

例えば粗利が2000万円のとき、役員給与を800万円もらい、経費800万円を使い、税引前利益400万円を残すというイメージです。

経費がどうしても1000万円かかるというのであれば、利益を200万円に減らすのではなく、涙をのんで役員給与を600万円に下げ、利益は確保しなければなりません。

これが、「経営者としての」利益の出し方です。

１人会社においては、「経営者として」だけではなく、「投資家として」の観点を持たなければなりません。それはどういうことか。

１人会社においては、まずある一定の資金を持って会社をはじめます。

例えば資本金５００万円なら５００万円、３００万円なら３００万円の資金を投入して、そこから生まれる利益を回収していくことになります。

売上がいくらで、経費がいくらでというのは「経営者」としての考え方で、足し算・引き算の世界です。

その一方、投資家として、投資した金額の何％を毎年回収するという考え、つまりかけ算・割り算の世界における目を持たなければなりません。

どちらがいい悪いではなく、その両方が必要となるのが1人会社をやっていこうとする人です。しかし、後者の投資家としての視点を持ち合わせている人は多くありません。

投資家として考えたとき、資本金として、会社に役員給与＋経費の４～５カ月分くらい

を入れておくのがいいでしょう。

例えば、役員給与と経費を足して毎月100万円必要というのであれば、400〜500万円の資金を会社に入れてから経営を開始すべきです。そして、そのはじめの資本が枯渇してしまったらそこで、才能はなかったと諦めて経営をやめる。それくらいの覚悟が必要です。

そして、投資家として入れた資金の何%を毎年利益として残すか、ということが重要です。

厳しめに見て、**1人会社においては、「毎年、資本の100%を税引前利益に計上し、税金を引いて60%程度を最終的に残った利益（税引後利益）とする」という、割と高いハードルを掲げたほうがいいものと思います。**

つまり、500万円を資本金として事業をはじめた場合、毎年500万円の税引前利益を出し、税金を引いて毎年300万円残す（税引き前利益は資本金と同じ金額が必要）、というのが「投資家として見た」利益の残し方になります。

今は法人税などがとても安くなってきている（800万円以下の部分では、23%程度）

ため、40%も税金はかかりませんが、多めに計上しておきましょう。

さて、「経営者」として必要な税引前利益が４００万円、「投資家」として必要な利益（税引前）が５００万円ですので、それを平均した数字（４５０万円）を税引前利益として計上するという計画を立ててみてください。

実際に計画通りにいき、税引き前利益が４５０万円出たとします。現行の税率では、多目に見ても税金は１５０万円もかからないくらいですので、３００万円は残るという計算になります。

本来の資本主義に則《のっと》った会社であれば、利益を使ってどんどん会社を拡大していくことになります。この３００万円を設備に使ったり、人を新たに雇うために使ったりして拡大していきます。

そうすると、もともとの資本５００万円にこの利益の３００万円を足した８００万円が翌年の資本となり、通常はその資本を複利で拡大していくわけです。それで会社が大きくなります。

しかし、「1人会社」においては、会社を大きくすることを念頭に入れていませんから、300万円は何もしなければ（預金に入れたままなら）そのまま、積み上がっていくという形になります。初年度は500万円（元の資本）＋300万円＝800万円、翌年は800万円＋300万円＝1100万円、といった具合に、単利で増えていく形になります。

それではもったいないので、1人会社においては、その残った利益（年300万円）を、なるべく複利で運用できるようなところに移動させる必要があります。

少々難しいかもしれませんが、このようにして1人会社では利益を出し、その残った利益を運用していくという形になります。

利益目標を求める

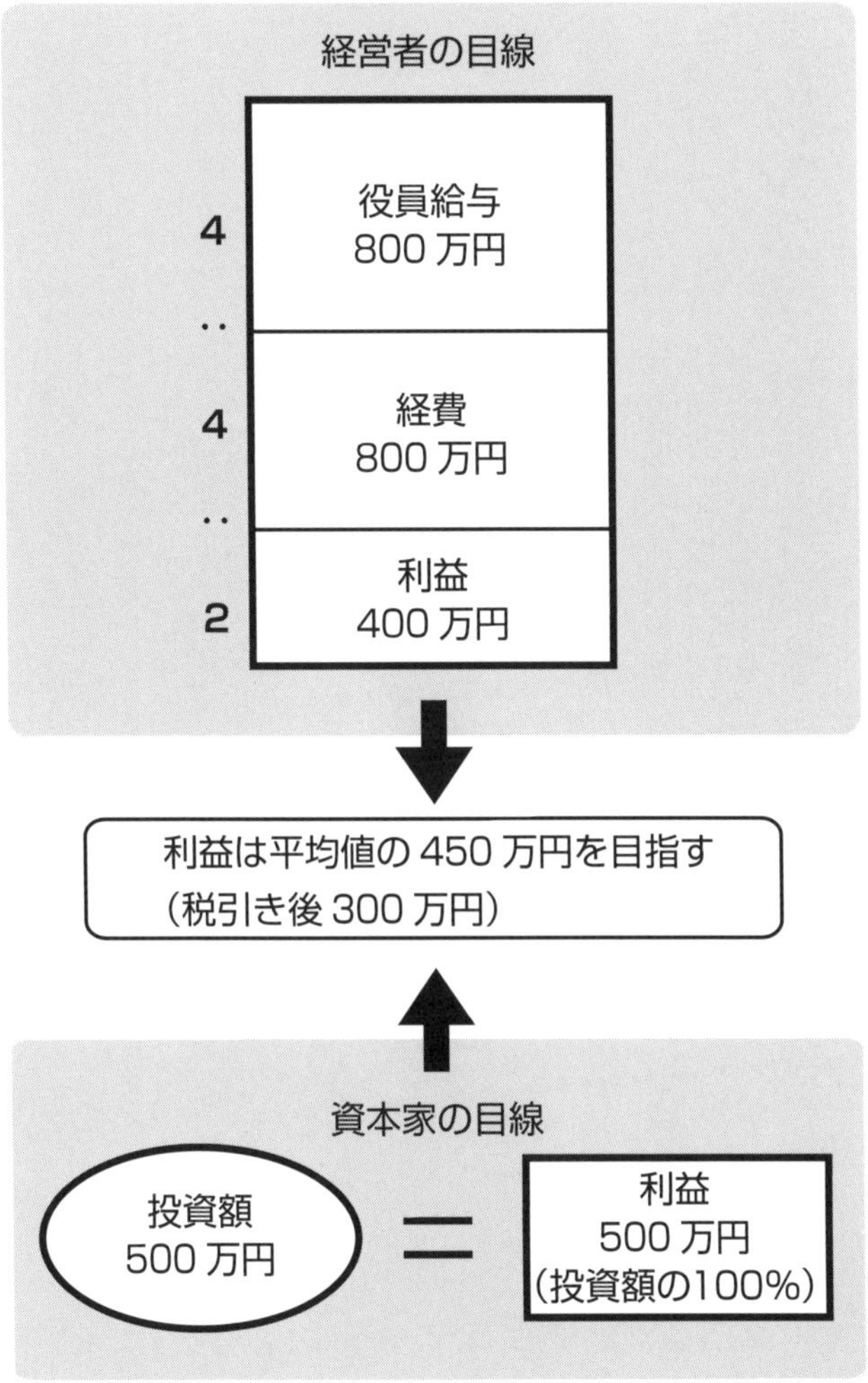
経営者の目線
4
：
4
：
2
役員給与
800 万円
経費
800 万円
利益
400 万円
利益は平均値の 450 万円を目指す
（税引き後 300 万円）
資本家の目線
投資額
500 万円
＝
利益
500 万円
（投資額の100%）

第４章

１人会社の時間の使い方

1

1人社長の「労働時間」をゼロに近づける

この章では、1人会社、「1人経営」の「時間」について考えていきたいと思います。お金と時間はよく比べられますが、私は断然時間のほうが大切だと考えています。お金は増やすことも取り戻すこともできますが、時間はいったん過ぎてしまうと取り戻すことができなくなります。人生の持ち時間は有限であり、一旦失われたら永久に戻らないのです。時間を大切にしていきましょう。

まずは、1人社長の労働時間について考えてみたいと思います。

時代は移り変わります。未来を予測するのは難しいですが、これからはますます「労働」の価値が下がるでしょう。もちろん稼ぐために働くことはとても尊く、すばらしいことですが、それがすべてではありません。これからの「1人社長」は、いかに労働時間を減らすかということを考えるべきでしょう。

はっきり言うと、**社長の労働時間には価値がありません。**社長が何時間働いたらいくら、という時給計算をしているようでは、売上の伸びる余地はありません。

時間でお金を買うと時間がなくなっていき、疲弊して、社長の持っている価値もどんどん減衰してしまいます。そうなると、１人会社の状態もどんどん悪くなっていくでしょう。

産業革命以降、人は働くことで対価としての報酬を得て生きてきました。ですから、そのＤＮＡのようなものが染み込んでおり、働くことで賃金を得るという感覚が普通になっています。

私ももちろんその感覚はあり、仕事をしていないと不安になるときがあります。朝から自宅で原稿を書いたり、考えごとをしたりすると、「こんなことをしていてもいいのかな、みんなは働きに出ているのに」と思ってしまいます。そして、昼頃近所をうろうろしながら、「仕事ないのかなと思われてそう」などと考えてしまいます。

「男は朝から働きに出るのが普通」ということが別に正しいわけではないとわかっていても、心のどこかにそうしなければいけないという感覚が残っているものです。しかし、それを断ち切らないと、１人会社をうまくいかせることはできません。

１人会社の社長は、いかに労働しないかということがキーになってきます。**働かずに自由な時間をつくり出し、そこで新しいことやモノを生み出すことが大切です。**絶え間なく勉強して本を読み、人と会話をするなどしてアイディアを創出するのが大事です。

変化率が大きくなってくるこれからの時代、一つのところで労働に時間を割いていたら、自分が変化することができなくなり、時代に置いていかれるでしょう。１人社長は身を自由にしておくべきなのです。

「いかに労働時間を減らして稼ぐか」ということを追求していけば、結果的に時間当たりの稼ぎ（利益）が大きくなっていくはずです。

もし労働するのであれば、まずは時間当たりの稼ぎを最大にするべきです。そうすれば、労働すれば労働すればするほど、稼ぎが大きくなるという結果になります。

例えば、労働時間を減らしていった結果、コンサルティングなどで1時間働けば10万円の稼ぎを得られるようになったとします。そうなったとき、2時間働いて20万円、3時間働いて30万円稼げるのであれば、それはそれですばらしいことです（そこで稼ぎを増やそうとして長時間労働してしまっては本末転倒ですが）。

働いたときの稼ぎを増やすためにも、生産性を上げるためにも、やはり1人社長の労働時間はゼロに近づけていったほうがいいのです。

2 仕事は終わらない。ならば時間を区切ってしまう

社長の労働時間を減らし、生産性を上げるためには、具体的にどうすればいいかを考えてみましょう。

第一に考えられることは、意識して労働時間を減らす、つまり働かないということです。極々当たり前の話ですが、労働時間を減らすためには、「労働をしない」と決めてしまえばいいのです。人はどうしても、働いていないと不安になるものです。そこを断ち切って、あえて労働をしないようにすることがまず大切です。

また、仕事をはじめてしまうと、なかなか終わらないものです。邪魔が入ったりすると集中力を欠いてしまいますし、再び集中モードに入るための時間もかかります。したがって、仕事をはじめる前に、「この仕事は○分でできる」と思って

いたよりも実際の仕事の時間は長くかかってしまうものです。

1人社長の労働を増やさないようにするには、「時間を制限してしまう」のが一番いい方法です。

やり方はいくつかありますので、複合技でやってみてください。

まず一つは、**「セルフ休日」を設定する**こと。

週休二日制（土日）にしているところが多いかと思いますが、月曜日と金曜日を休むなどして、無理やり週休四日制にしてしまいましょう。もしくは、月曜日と金曜日は本業の処理仕事などを禁止にして、新しい仕事や創造的な仕事をする、と決めてしまうのです。

そうすると、火水木の3日間で仕事をすることになります。週5日から3日になってしまったら仕事なんて成立しないと思われるかもしれませんが、いつも無駄なことをしていて、短縮すれば3日で仕事ができる場合も多いのです。

業種の関係でどうしても週5日は現場に出なければいけないような場合でも、そのうち2日は時間を短縮するとか、現場に出ながらも他のことをするようにします。

「パーキンソンの第二法則」でも定義されているように、仕事の量は与えられた時間を満たすまで膨張するものです。今5日でやっている仕事を3日でやれと言われれば、無駄なく仕事を進めてやれる場合が多いと私は確信しています。

労働を制限するためには、「時間を区切る」ことが本当に大切です。毎日の仕事の終わり時間を決めてしまうのです。

決めたら、それ以降は業務禁止です。終業時間を18時と決めたら、それ以降メールの返信などもしないようにします。会食などでどうしても仕事をしなければいけない場合は、例外とします。ただ、深酒をして翌日に影響があるようなことは避けましょう。

「18時になんて仕事が終わらない」というのであれば、充分な睡眠を確保した上で、早起きして仕事をするしかありません。脳がフレッシュな朝のほうが、仕事がはかどる人がほとんどでしょう。終わりを区切って前倒しするのはＯＫです。

このようにして、時間を無理やり区切って仕事量を減らすことが大切です。仕事をする時間を増やしても、結局同じくらいの仕事しかできません。それなら、未来につながることをその空いた時間でやっていくことが大切です。

「1人税理士」の私も、税理士業務は厳しく時間を区切っています。

土日はまったく業務をしませんし、原則月曜日と金曜日は、「税理士業務禁止デー」として、緊急で重要な仕事以外はしないようにしています。

禁止デーには原稿を書いたり、今後やっていきたい仕事の準備をしたり、スポーツなどで体を整えたりしています。超繁忙期である2月～3月は例外としていますが、それ以外は厳しく労働時間を制限しています。

これからますます、変化が大きくなる時代に入ります。その中で、社長の労働時間、特に処理をする時間には価値がほとんどなくなります。

労働時間以外は、変化に対応する力をつけたり、未来に備えたりする時間にしてください。

3 仕事ごとに時間を計測し、生産性を上げる

労働時間を制限するために、また仕事自体の効率や生産性を上げるために、私は仕事（作業）ごとにかかる時間を推測して予定に入れます。そして、実際にかかった時間も計測しています。実際にかかった時間は、今後の予定に反映させます。

例えば、本書の原稿の一項目を書くために使う時間は30分と決めています。これまで何回も原稿を書いてきて、大体それくらいの時間に収斂《しゅうれん》することがわかってきたからです。

その他の仕事も、ごく細かい処理仕事を除いて、その仕事にかかる時間を計測し、記録しています。仕事に集中して、仕事を早く（もちろん正確に）終わらせるためには、時間で区切るのがいいです。

例えば、今この原稿は9：40に書きはじめたのですが、10：10までには必ず書き終わるように決めています。

10：10になったらあっさりとあきらめて、他の仕事に移行します。10：10までに決めていた分量を書けなかった場合、翌日にその少ない分も挽回するように心がけていきます。**毎日毎日改善していき、毎日続ければ、必ず決めた時間で終わるようになります。**そして、慣れてきたら、設定時間を25分、20分などと減らしていきます。そうすることで仕事は間違いなく速くなります。

仕事と仕事の合間の隙間時間も大事です。

前日までに、「何をやるか」を決めておき、大体の時間をセッティングしておくのがいいでしょう。

9：00～9：30は原稿書きの仕事、9：30～9：50はメール返信、9：50～10：30はお客さんのための仕事、などです。

そして、実際にかかった時間もメモ程度に書いておき、なぜ遅くなったのかも簡単に検証します。

一番いいのは「Taskchute」（https://cyblog.biz/pro/taskchute2/）などのサービス（有料ですが）を使うなどして、タスクごとに時間を管理することです。

「Taskchute」では、個々のタスクをはじめた時刻と終了した時刻を入力し、かかった時間を知ることができます。さらに、その日のタスクが終了する時間なども表示されるため、仕事を終える時刻を設定して、進んでいるか遅れているかの状況を把握することが可能です。

前項で、仕事を終える時間を決めることが大切だと書きましたが、このようなツールを使うと、なんとかして仕事を決めた時刻に終わらせようと努力します。さらに、時間がかかる仕事一つ一つについて、時短をするために何をすればいいかを考えるきっかけになります。その結果、仕事が速くなり、労働時間も短くなり、生産性が上がります。

ちょっと違う話になりますが、私はお客さんに関する仕事をしたり、訪問したりしたとき、そのお客さんのために使った時間を計測して集計しています。そしてお客さんごとに、時間当たりの売上を計算しています。

時間当たりの売上が少ないお客さんについては、できれば値上げをしてもらいます。それが叶わない場合は、効率化するなどして、なるべくそのお客さんにかける時間を減らし、時間当たりの売上を増やすようにしています。

時間当たりでどれくらい稼いでいるかという指標を持たなければ、無駄な時間が生まれ、いくら仕事をしても儲からない、そしてその理由がわからないという事態になります。そそれでは経営をしているとは言えません。

時間当たりの売上・利益を極限まで増やすことで、さらに時間が生まれ、新しい仕事もできるようになるでしょう。

生産性を上げて効率よく経営していくためには、時間に対する感覚が非常に大事になります。仕事をする際には、「時間」を中心に考えていきましょう。

そうすることで、経営が研ぎ澄まされたものになります。

4 能率がいい時間帯に集中して仕事をし、あとは遊ぶ

意外と重視されていないと感じることが多いのですが、経営や仕事には「集中」がとても大切です。「集中」をうまく利用しないと、仕事がはかどらず、時間がかかって生産性は下がります。

仕事は、自分が集中できる時間帯にします。集中できる時間帯は人によって違うはずなので、**自分が一番集中することのできる時間帯を選び、できる限り毎日その時間にやるべきです。**

私個人としては、これまでの著書で書いてきましたが、「朝」が一番集中できる時間帯です。

６時に起きて、すぐに仕事をはじめます。まずは毎日のルーチンワークをやります。目標や計画などが書かれているノートを確認し、お金の計算（会計処理）をします。メールの返信をしたら、今書いているような原稿書きに取り組みます。

本書を書いている今の時刻は7時41分です。前項にもあるように、時間を計測しながら取り組んでいます。平日はほぼ、家族が7時半までに外出してしまうので、今家には私と飼っているトイプードルだけしかいません。トイプードルは大人しく寝てくれているので、とても集中することができています。

朝は脳もクリアです。睡眠を十分にとれば、おそらく脳細胞がリフレッシュされるのでしょう。文章もスラスラと出てきます。

これが昼食後とか夕方になると、眠くなったりして集中できない場合があります。だからこそ、創造的な能力を使う仕事は、朝早めにやるようにしています。

夜中が一番集中できるとか、もっと早起きして、夜が明ける前が一番集中できるなどという人もいると思います。自分が一番集中できる時間を確保して、なるべくその時間にクリエイティブな仕事、自分にとって大事な（食い扶持となるような）仕事をするようにしましょう。

次に、**集中するためには「場所」も重要となります。**

誰もいないところが一番集中できるという人もいれば、カフェなどの騒がしいところでないと集中できないという人もいます。自分に合った「集中場所」を探しましょう。

私はこの集中できる場所を探すための努力を惜しまないようにしています。私は本当に、あまり人がいなくて静かなところでしか集中できませんので、税理士の受験勉強をしていた時期は、家の近くの公民館的なところ（勉強ができるところ）を必死で探しました。結果としていい場所を見つけることができ、受験もうまくいったものです。

今も仕事場所にはこだわるようにしています。自宅では集中できるのですが、なぜか事務所では集中できないので、なるべく午前中は自宅で仕事をするようにしています。事務所家賃を払っているのでもったいないですが、集中に勝るものはないと考えています。

「集中できる環境」もなんとかしてつくりましょう。

集中しなければいけないときにネットサーフィンをしてしまうとか、スマホをいじってしまうとか、テレビを見てしまうなどという方は要注意です。集中を欠いてしまい、仕事が進まなくなるはずです。

特にスマホは要注意。LINEとか電話、メールなどの通知がきたら、どうしても見てしまいます。一度スマホを見てしまうと、仕事に戻ってくるのが大変です。集中を取り戻すまでに時間がかかります。

スマホの通知は最低限にしてください。LINEがきたときに画面に通知が出たり、音が鳴ったりしないように設定しましょう。

皆さんが感じているより、集中することは大切です。集中して仕事をこなし、できるだけ時間をつくって、あとは好きなことをしたり、遊んだりしてください。「1人経営」にはそれが一番大事です。

5 好きなことに没頭するための時間を天引きする

「1人経営」を続けていくために大事なことはいろいろとありますが、時間を『天引き』して好きなことをするという考え方は、とても大切です。

将来のためのお金の投資と同じで、時間についても天引きの考え方が必要です。稼いだお金から経費や生活費などを使い、残ったお金を将来のための投資に回そうとしても、現実的には難しいというのは、よくおわかりいただけると思います。結局、なんだかんだで使ってしまい、残らなくなるのが関の山です。

それならはじめから、将来のために投資する額を決め、それを先に天引きしてしまわないといけません。

時間も同じ考え方が必要で、**自分の好きなことをやる時間をあらかじめ確保してしまう**

のです。そうしないと、日々の業務などに忙殺され、あっという間に時間はなくなってしまいます。

ここまでも散々書いているように、「1人会社」、「1人経営」においては、社長自身が、好きなことや得意なこと、没頭・没入できることをやっていかなくては勝負になりません。あまりやりたくない仕事とか処理仕事などは、ロボットやＡＩが得意とすることである場合が多いので、それはそちらに任せましょう。

そして社長は、好きなことだけをとことんやっていく。これだけが経営成功のカギです。好きなことをしていると、直接お金に結びつかないことも多いので、「これで大丈夫なのかな？」と不安になることがあるはずです。

しかし、それはもう断ち切りましょう。1人会社を経営していくと決めたのですから、その会社をうまく運営していくためには、遊んだり好きなことをやったりする必要があるのです。

繰り返しになりますが、逆に言うとそれでしか生き残れないのです。

6 仕事を依頼する場合も、お客さんに対しても「生産性」を求める

これからの経営は、生産性を上げることが必須となります。

1人会社が生産性を上げるためには、集中すること、自分の能力を一番活かせる仕事をすることなども必要ですが、割りきって、仕事の時間を強引に減らすのも効果があります。

そして、自社（自分）の生産性を上げるとともに、関わるスタッフや仕事の依頼先、お客さんについても生産性を上げてもらうことが必要です。それができれば、結局自社の生産性の向上に跳ね返ってきます。

仕事をお願いしているスタッフや外注先の生産性は、とても重要です。

「1人会社」といっても、全部が全部1人ではやることはできず、仕事を外注すること

もあるはずです。その外注先をできる範囲で注視し、生産性を上げてもらうのです。

生産性を上げてもらうためには、納期をしっかりと（厳しめに）決め、その日までに依頼した仕事を完成させてもらうことが大切です。本当に当たり前のことなのですが、このような基礎的なことをおろそかにしないようにしましょう。

ある仕事を外注先にお願いするとき、外注費は10万円で、納期はいつまででもいいとしたとします。仕事を頼む側（こちら）からすれば、同じ10万円で同じ質の成果物が返ってくるのであれば、結果は同じです。

しかし、相手側（外注先）の生産性が低いままであれば、次回以降、急ぎの仕事をお願いした場合などに、こちらが害を被ることだって考えられます。**いつでも質の高い仕事を早くしてもらえるよう、相手の生産性を高めておくことが大切です。**

ただ、急いで仕事をしてもらい、質が悪くなることだけは避けるようにしなければなりません。

仕事をお願いする先と同様、売上先（お客さん）の生産性も上げる必要がある場合も多

いです。

私の仕事（税理士業）の例で恐縮ですが、お客さんの生産性が低いと、必要な資料を必要なタイミングでいただくことができないため、こちらの仕事が滞ります。最悪の場合、期限に遅れてしまい、余計な税金を払っていただくこともあります。

こういうことを避けるためには、お客さんの生産性を上げる手伝いやアドバイスをするなどの対処が必要です。

ただ、どうしても変わってくれないお客さんもいます。

税理士業の場合でいうと、資料がもらえないとか、税金をきちんと支払うという意識が低いとか（これは生産性の問題ではないかもしれませんが）、経理がどうしてもおざなりになってしまうなどのお客さんです。

このようなお客さんを改善させるには、根本的な会社の仕組みを変えるなどしないと難しいかもしれません。それでも、根気よく言い続けていくことが大事かと思います。

どうしても改善してくれない場合は、こちらの生産性が下がることにつながりますから、契約を解除するなどの処置が必要になるでしょう。

外注先とか売上先の生産性を上げる、つまりコントロールするというのは難しいですが、自社の生産性を上げるためには必要なことに間違いありません。

自社の生産性が上がらないときは、原因がそこにあるのかもしれないので、一度検討してみてください。

7 「仕事をどんどん速くしていくゲーム」を楽しむ

生産性を上げるために、仕事の時間（労働時間）を減らしていくという話をしましたが、そのためには、いろいろな工夫があったほうがいいでしょう。ここでは、仕事を速くする、つまり「仕事が速い人」になる方法についていくつか提案します。

本来は、楽しみながら、好きなことに没頭していくのが仕事だと思いますが、どうしてもやらなければならない仕事もたくさんあるはず。やらなければならない仕事は、とにかく速く処理することで、それにかける時間を減らしましょう。この項では、そのための方法を書いていきます。

【仕事のスピードを上げる方法その1：ツールを駆使する】

仕事のスピードを上げるためには、ハード・ソフト両方のツールを駆使したいものです。

まず、**パソコンを使って仕事をしている人は、なるべく新しいパソコン、スペックの高いパソコンを使ってください。**それにより処理時間が短縮されます。

6、7年くらい同じパソコンを使い、処理速度が遅くて「待ち」の状態が長い人をよく見かけますが、思うように動かなくなったりフリーズしたりしたら、思いきってパソコンを買い替えてください。待ちの状態がないとストレスも感じず、仕事はスムースに進むでしょう。

また最近では、iPhoneが1台あれば仕事ができる場合も多くなってきました。画面や入力場所が小さいので不便なところもあるかもしれませんが、アプリを駆使すれば、仕事はほぼ可能だという人も多いでしょう。

iPhoneのアプリ開発は競争が激しく、どんどんいいものがリリースされ、カメラの性能も抜群です。iPhoneだけで仕事をすると決めてしまってもいいのかもしれません。

入力方法も意外と重要です。研鑽を重ねて速くしていきましょう。

タッチタイピングやフリック入力をマスターすることで、入力が速くなり、その分仕事が速くなるでしょう。軽視されがちですが、けっこう重要なことです。

【仕事のスピードを上げる方法その2：時間を制限し、集中する】

生産性を上げるために、仕事にかける時間を短く設定し、その範囲内で集中して仕事をしていきます。

復習になりますが、集中するためには、時間帯と場所が重要になります。自分の集中できる時間帯を探し、そこで徹底的に仕事をすること、そして集中できる場所を確保して、なるべくそこで仕事をすることです。

集中するためには、ヘッドホンと音楽とか、耳栓とか、そういったツールも必要になってくるかもしれません。いろいろと試してみて、集中できる方法を探しましょう。

【仕事のスピードを上げる方法その3：力の抜きどころを覚える】

仕事に関して、何事にも全力投球な人がいます。それはそれですばらしいことなのですが、こと仕事においては弊害もあります。

仕事一つ一つについて、どこが重要でどこは無視していいのか、という「重要性」をとらえることが大事です。

例えば経理であれば、100円合わないからといって、1日かけてその原因を探るなどは愚の骨頂です。１００円の誤差などは別に何の問題もありませんし、あとに影響が出るなんてこともありません。微差が積み重なるとまずいですが、そうでなければ少しの誤差は無視すべきです。

メールの返事なども、重要でなければしなくてもいいのです。律儀に、どうでもいいメールに返信しているようでは、時間がいくらあっても足りません。

このように、「重要性の原則」を頭に入れて、重要なポイントだけをつまむようなイメージで仕事をしましょう。そうすることで仕事は速くなり、かつポイントを押さえたいい仕事ができるようになるはずです。

上記はほんの一部ですが、これらを意識しながら仕事をして、毎日仕事がどれだけ短縮されるかをチェックしていきましょう。ある程度できるようになれば、「ひま」になります。そうしたときに、その余った時間で何をするかが勝負です。好きなこと、没頭できること、得意なことをその時間でやっていきましょう。そうすれば、１人経営者は将来も安泰です。

8 「無用の用」のための時間を確保する

これまでの古い価値観では、人は（特に男は、とよく言われます）仕事をして稼いでナンボ、と考えられていました。もちろん、仕事は人の役に立つことが大半ですし、人生の時間を過ごすという意味でも貴重なものです。

しかし、仕事だけでは人生に深みが出ないのではないかと私は思います。多方面に興味を示し、多角的に多くのことを知ることで人生に味わいを感じられるようになるはずです。

「無用の用」という言葉があります。「老子」「荘子」からきたことわざで、**「役に立たないように見えるものでも、かえって役に立つこともある。この世に無用なものは存在しない」**という意味です。

まず、自分がこれまでどのように行動してきたかを思い起こしてください。多くの人は、基本的に仕事を日常の中心に置いていて、平日はずっと仕事、たまに夕方以降に仕事関係の飲み会や接待などが入ります。そして休日はゆっくり寝ているか、家族サービス。休日などなく、ずっと仕事をしている人もいるかもしれません。

それはそれで、自分が決めた人生ですから、否定はしません。ただ、本当に仕事のことだけでは、人生に深みが出ず、仕事も先細りになっていくでしょう。**積極的に時間をとり、「無用の用」をやっていく必要があります。**

思いつく「無用の用」を列挙してみます。

絵画を見に行く、映画を観る、興味のないジャンルの本を読む、ライブに行ってみる、歌舞伎を見学する、スカイダイビングをしてみる、囲碁を学ぶ、デパ地下を巡る、とりとめなく散歩する、城めぐりをする、などなど。

思いつくままに挙げてみました。もちろん今挙げたのはほんの一部であり、いくらでも「無用の用」を探すことはできるはずです。要するに、自分がやろうとしていることを除外して、まったく思いついてもいないことを急にやってみるというのがおすすめです。

私もなるべく無用の用を意識して、どこかに行ったときは、何かこれまでやったことのないことができないかどうかを探しています。思い立って高いビルの展望台を回ってみたり、遊覧船に乗ったり、適当に映画を観たり、明治神宮の森の写真集を見たりしました。

しかしそれら一つ一つは、とても有用でした。「こんな世界があるのか」と驚いたこともありますし、仕事や、仕事をしていく上での考え方に応用できるものもたくさんありました。それら一つ一つも含めて、今の自分を形づくっているということが言えます。

どうしても人は、**自分の今の行動範囲で過ごそうとしてしまいがちです。**私もその傾向がとても強く、できる限り今住んでいるエリアから外に出たくないと思っています。また、毎日同じことをして過ごしたいなどと思うことも多いです。

しかし、**たまにはフラッと出かけ、思いついたことをやるようにしています。それが間違いなく仕事に生きています。**

私の友人が書いているブログに、「1日1新」というコーナーがあり、毎日何か新しいこと、今までにやったことのないことを必ずやってブログに書いている人がいます。

毎日同じことをコツコツやるということにも大きな価値はありますが、これまでまったくやったことがないこと、仕事と関係のない新しいことをやっていくことにも、とても大きな価値があります。新しい自分を見出すことができる可能性だってあると考えられます。

新しいことをやってみて、それが自分に合っていることとか、好きだと感じられることであれば、それに一点集中して時間を使うこともいいのではないかと思います。仕事と関係のないことにこだわり、一つのことを極めるのも、人生におけるいい時間の使い方です。

行動する際には、ぜひ「無用の用」を思い出して、関係ないことをやるような時間をとりましょう。

第５章

１人会社を
ずっと
継続させていくには
（まとめ）

1
1人会社を永遠につぶさない方法

ここからは、「1人会社」をどう経営していくかについての、「まとめ」の話をしたいと思います。

従来の考え方では、会社をとにかく大きくして安定させ、できれば上場まで持っていくなどして創業者利益を得るとか、多くの報酬や配当をもらって悠々自適で便利な暮らしをする、というのが主流でした。経営者になるならお金持ちになろう、というのが普通ですね。今も多くの人がそう思っていることでしょう。

しかし、ここまで見てきた「1人会社」は全然違います。

右肩上がりに売上を増やすのではなく、一定の売上を維持していくというスタンスです。生活費などから逆算して利益が充分に出ればOKで、場合によっては世界や日本の経済の流れに合致させ、右肩下がりの成長をしていくということも考えられます。

売上規模が小さいだけで、1人当たりで見ると粗利も利益も高水準にあるのが「1人会社」です。

例えば、生活費300万円、将来への投資300万円、税金300万円（1／3理論）と考えると役員給与は900万円になるのですが、それを達成するためには、粗利は2250万円（粗利額を、役員給与4：経費4：利益2に分配するから900万円÷0・4）なくてはなりません（第3章3項参照）。

もちろんこれは完全に1人でなく、従業員を雇っても（従業員の給与は経費900万円の中に含まれます）OKなのですが、仮にこれを1人で達成したとしたら、1人で稼いだ粗利が2250万円ということになり、けっこう優秀な数字です。大企業や成長する企業と比べてもそん色ないというか、これだけ稼げる会社はなかなかないでしょう。

つまり、**「1人当たり」で見ると、どんな大きな企業と比べても胸を張れる数字を「1人会社」でたたき出すのは可能、**ということになります。

結局のところ大きな会社では、みんなが稼いだ粗利を、株主や経営陣が少しずつかすめとって（言い方は悪いかもしれませんが、搾取して）いるだけであって、稼ぎのレベルは1人会社のほうが上、という場合も多いのです。規模が小さいからといって卑屈になる必要はまったくありません。堂々と粗利を稼ぎ、利益を稼ぎましょう。

「1人会社」を絶対につぶさないようにするためには、「上を目指さない」ことが大切になります。売上を上げて規模を大きくしていくことをはじめからしないのが大事で、少し儲かったからといって拡大していくのは、「1人会社」としては愚の骨頂です。1人会社はあくまでもずっと小さくやっていく。これがつぶさないコツです。

他にもいくつか、1人会社をつぶさないコツはあります。

一つは借入をあまりしないことです。利益を積み重ねてある程度信用ができたら、銀行などから借りることができるようになります。資金が一時的にショートすることもあり、借入をしたくなることはありますが、なるべくしないことです。

ちょっとしたミスなどで返済が滞ってしまうと、倒産の危機に陥ることになります。手形などにも手を出さないようにしましょう。

また、少し儲かっても生活レベルを上げないこととか、オフィスを豪華にしないとか、変なものを買わないことなども大事です。

会社として体をなすようになると、変なお誘いがたくさんきます。○○に投資しないかとか、ホームページをきれいにしないかとか、△△の会に入らないかとか、売上を増やすために◇◇に入らないかとか、そういった類のお誘いです。こちらから探していないのに、勝手にくるこういったオファーは全部無視しましょう。必要なものはすべてこちらから探しにいくことです。とりあえず変な(まともに見えても)オファーは、全部無視でＯＫです。

とにかく、自分でしっかりと計画を立て、その計画にそぐわないものには心を奪われないようにしましょう。マイペースでやっていくのが一番です。

2 1人会社でやってはいけないこと

「1人会社」、「1人経営」でやってはいけないことについて考えてみましょう。

まずは、当たり前の話ですが、規模を大きくしようとしてはいけません。

営業がうまくいって仕事が増えたとき、人を雇ってしまうと、そこから戻ることは非常に難しくなります。雇うのが1人であればまだいいのですが、2人以上になるとさらに難しくなるでしょう。

仕事はどんどん増えるものです。人を雇うことで楽になるとか、雇うことで儲けが出る、という麻薬はなかなかやめられないものです。はじめの一歩は慎重にいきましょう。

それと関連しますが、固定費を増やすのもご法度です。固定費を増やすのは超簡単ですが、減らすのは本当に難しいのです。

例えば、私の事務所にもよく電話がかかってくるのですが、「ホームページをいいものにつくり替えましょう」などという営業。そのホームページが売上に対して本当に多大な貢献をしてくれるのであればいいのですが、大抵はそうではありません。

それなのに、「毎月5万円×60カ月のリースを組めばお得」などという誘い文句に乗ってしまう人が多いと聞きます。

初期投資の金額がかからず、毎月５万円で、売上が10万円伸びるのであれば安いものだ、と考えて契約してしまうのでしょう。しかしその実態は、５万円×60カ月＝３００万円の買い物と同じです。そのホームページのおかげで利益がそれ以上になればいいのかもしれませんが、大抵はそうなりません。結局更新もしないで、お荷物になってしまうことが多いようです。

今のは極端な例ですが、固定費を簡単に増やしてしまう人が多いように感じます。

たとえ毎月５０００円だとしても、１年で6万円、10年で60万円も支払うことになります。

固定費を増やすときは、トータルで一体いくら払うのか、それが本当に役に立つのかをよく考えてからにしてください。

そして、もう支払ってしまっている固定費については、心を鬼にして、一つずつ解約していくようにしましょう。

役に立っていて、それがないと困るというもの以外はすべて解約します。いったんすべて解約してみて、それでも本当に必要ならもう一度契約し直せばいいのです。大概は必要のないものでしょう。

解約すべき固定費をノートに列挙して毎日見て、終わったものはチェックして消していく。それくらいやらないと、固定費が減ることはないでしょう。

固定費は魔物のように染みついてくるものですので、契約時には十分に注意しましょう。

固定費と関連しますが、高い家賃を払っていい事務所を借りるとか、いい車を会社で買って経費にするとか、そういったものもご法度です。豪華な事務所、いい車は1人会社にまったく必要ありません。また、交際費など飲食代にお金をたくさん払う人が多くいますが、それも必要ありません。

1人会社には、他にもいろいろな誘惑がありますが、それらはすべて無視してもいいものです。

例えば「節税対策に保険に入りませんか？」といった勧誘があります。**保険会社の方には申し訳ありませんが、保険で節税をするのはまったくメリットがありません。**保険は個人で、万が一のときに家族などを守るために入るものです。

節税のために何かを買って経費にしても、お金が減るだけです。節税など考えずに、税金をしっかり払ったほうが、間違いなくお金が残ります。節税貧乏にならないようにしてください。

会社（事業）を経営すると、いろいろな誘惑が襲ってきます。電話をはじめとして営業攻勢は凄いものがあります。それらはすべて、営業する側にしかメリットがないといっても過言ではありませんので、すべて無視してもいいでしょう。

何か必要なものを買うときは、自分で探して自分で選ぶようにしてください。

3 規模拡大の罠にはまらず、1人でやっていく

1人でやっていると、孤独になります。そして、「普段は1人だから」などといって、いろいろな集団に属してみたり、怪しげなセミナーやパーティーなどに行ってみたりしてしまう人が多いです。

しかしそれらは「1人会社」にはほとんど必要がないものです。必要があるとすれば、本当にあなたの人生を変えてくれる（いや、実際には、それをきっかけにして自分が変わるのですが）ごく少数の師匠や本、セミナーなどだけです。

怪しげなパーティーなどに行くと、よく「何人雇ってらっしゃるのですか」とか「年商はどれくらいなのですか?」と聞かれたりします。しかし、そんなことはどうでもいい話です。

例えば、「年商100億！」と豪語しても、1000人雇っていたら、１人当たりの売上高は1000万円です。業種によって違いますが、粗利率70％とすると、１人当たり粗利は700万円。これくらいなら、１人会社のほうが楽勝で稼いでいる場合が多いはずです。派手に稼いでいるように見えても、実情はそんなものという場合が多いです。

そもそも規模など比べても仕方がありません。**種類とかやり方が全然違うのに、同じベースで雇っている人数などを比べるのはおかしな話です。**聞かれたら堂々と、「１人でがっちり稼いでいます！」とでも言っておきましょう。

経営をはじめれば、とにかく規模拡大の誘惑が襲ってきます。

便利できれいなオフィスで働きたい、多くの仲間と志を共有したい、大きくして儲けて、上場して財産を手に入れたい、雇用を通じて日本経済に貢献したい、などなど。

しかし、**１人でも充分、自分がやりたいことや憧れることは達成できます。**オフィスにしても、安くて便利できれいなところは探せばいくらでもあります。

実際のところ、わざわざ長い距離を通勤する必要もありませんし、綺麗なオフィスといってもすぐに飽きます。一番リラックスできるところで仕事をすればいいのです。オフィスではなくカフェなんかでもまったく大丈夫ですし、自宅でできるなら最高です。

確かにお金に余裕があれば、いろいろなものを買うことができます。

例えば車が好きなら、世界に数十台しかないような超高級外車を買えるかもしれませんし、高級時計を何本も所有できるかもしれません。そして男性であれば、綺麗な女性をはべらせることができるかもしれません。

しかし、私は、10年大事に乗っている安い愛車で充分ですし、時計は1万円で買ったものを後生大事に使っています。

今あるものが便利だから、新しいものがほしいとはまったく思いません。人より物欲がないのかもしれませんが、新しいものや高級なものを買いたいという欲求がないのです。

しかし、それはそれで今はとても幸せですし、健康に気をつけて長くゆったりと生きることが幸せなことだと思っています。

「経営者」ともなれば、稼いで大金持ちになりたいという希望があるかもしれません。しかし、ここまで書いてきたように、身の丈に合わせた経営でも、充分に楽しく、人の役に立ち、最低限稼げて、好きなことをやりながら、楽しい生き方をすることは可能です。

また、1人で事業をして、お金持ちになっている人もたくさんいます。たった1人で、研ぎ澄まされたように事業を行い、粗利つまり1人当たり粗利を大きな企業よりも稼いでいくのはかっこいいと思います。

下がっていく日本経済の中で、無理にたくさん稼ごうとすると、歪みが起きて多くの人が苦労してしまうことになります。「拡大の罠」にはハマらないようにしましょう。

4 「家計の純資産プラス」と「無形資産∞」をキープしていく

「1人会社」を経営していく上でも、人生という名の「1人経営」をしていく上でも、大事なことは「純資産をプラスにする」ことと、「無形資産を∞（無限大）に近づけていく」ことです。

経営をするにあたっては、さまざまな経営分析用の指標があります。皆さんも、一部は見聞きしたことがあるでしょう。

例えば「自己資本比率」。これは、会社の総資産（お金、売掛金、固定資産、貸付金などのすべての資産）のうちに占める純資産（会社が解散したときに残る価値のこと）の割合のことを言うのですが、これが50％以上あったほうがいい、などと言われたりします。

それ以外にも指標はたくさんあり、挙げればきりがありません。

しかし、「1人経営」においては、ひとまず一つの指標を頭に入れておけば問題ありません。それは、**「家計の純資産がプラスであること」**です。

もちろん会社の数字を分析するのも重要ですが、**「1人経営」においては、最終的に会社の数字も「家計」に含まれてしまうので、家計の純資産をプラスにしておくことが重要です。**

家計の純資産は、割と簡単に求めることができます。持っている資産から、借金などをマイナスすればOKです。

まず、個人的に家のものとして持っている預貯金や株式、金融商品などの現在の価値を算出します。株式などについては証券会社で出している資産の一覧などを見て、現在の価値から計算します。自宅については、インターネットなどで自分が所有している物件の価値を調べて計算に入れます（完全に正確である必要はありません）。また、車についても下取り価格を調べて計算に入れます。

所有しているもので売れそうなものは、その価値を計算してみます。

資産で忘れてはいけないのは、「会社の価値」です。つまり、経営している会社の純資産の金額も、個人の資産に入れてください。

資産が算出できたら、次は負債を計算します。負債のほうが、金額が決まっているので簡単です。住宅ローンの残高、実家から借りている借金、カードの残債などを足していきます。

そして、算出した資産から負債を引いた金額が、（個人の）「純資産」ということになります。この純資産をプラスでキープしておくことが重要なのです。

極端な例を挙げると、持っている資産が3000万円（住宅のみ）、住宅ローンが2000万円だとすると、純資産は1000万円のプラスです。このとき、現金を1円も持っていなかったとしても、自宅を売れば1000万円の現金が手に入ります（実際は売買手数料などがかかります）。もちろん自宅をそんなに簡単に売ることも難しいですが、最悪のときに現金化できるものがあれば安心です。

この純資産は、常々チェックしておき、プラスの状態が続くことを心がけていきましょう。手持ちの現金があまりなくても、万が一のときに安心です。

これとは別に、**「無形資産」をマックスにしていくことも心がけましょう。**

お金や不動産などの有形資産はもちろんあったほうがいいですが、無形資産を持つことはとても大事です。

無形資産の代表的な例は、信用とか知識・知恵、友人などです。これらがあれば、たとえ純資産がマイナスでも、プラスに転じさせることが可能になるかもしれません。知識や知恵があれば、それを使って商売をして稼ぐこともできるでしょうし、友人に助けてもらえることもあるかもしれません。

私はいつも、**有形資産を使って無形資産を買うように心がけるようにしています。**

例えば本を何冊も買ったり、高いセミナーなどに行ったりして知識や知恵を得ています。お金を持っているよりも無形資産を持っていたほうが、もしかしたら将来生み出される価値は大きいかもしれません。

手持ちのお金はなくても、純資産がプラスであったり、無形資産をマックスに持っていたりすれば、困ることはなくなるはずです。純資産をプラスでキープし、無形資産をどんどん増やしながら、「1人経営」をしていきましょう。

5 一番大事な「健康」を維持するためにはどうするか？

先ほど説明した「無形資産」の中で一番大事なのは、実は『健康』なのではないかと、私は考えています。

人生100年時代において、**死ぬまで仕事をしながら楽しんで生きていくためには、健康は絶対条件です。**

また、「1人経営」である限り、何がなんでも健康を保たなくてはなりません。あなたの替わりをやってくれる人はいません。急に何かあっても、残された家族が困るだけです。

ここでは健康を維持するための方法について考えてみましょう。

いま私は47歳（2017年現在）です。これまでの常識だと、人生折り返しをとうに過ぎて、あとは余生、という感覚だったかもしれません。確かに子どものころ、47歳というと「おっさん」で、60歳になったら老人でした。

しかし私もあと13年で、一昔前の定年を迎えますが、そこで仕事をやめて、あとは余生をゆっくり、ということはまったく想像できません。

それではどうすればいいか。

答えは一つです。それは、「好きなことをして生きていく」ということです。今もたくさんの好きなことがありますが、その中から何かを選んでその一つをやっていく。

そもそも、「成長期のサラリーマン」のモデルはすでに崩壊しています。年を経るごとに給料が上がっていき、定年になったら多額の退職金がもらえる。その退職金で余生を過ごしていく、という時代は完全に終わっています。

そうなると、**少ない給料や報酬でもいいから、死ぬまでずっと仕事をしてお金をもらい続けなければいけません。**

幸いなことにＩＴの発達などにより、死ぬまで好きなことをし続けて対価を得ることが、ものすごくやりやすくなってきています。

しかし、健康でなければ何もはじまりません。健康でないとまずやる気が起こりませんし、何をやっても続かないでしょう。好きなことに一意専心するのも、健康でないとできないことなのです。

だから、これから健康を大事にしていかなければなりません。

まずは食べすぎや運動不足による肥満の解消を目指しましょう。筋骨隆々やアイアンマンを目指す必要はありませんが、適度な運動をしながら質のいい食事をとり、自分にとってベストの体を保つことが大切です。

病気にならないようにするには、人との過度の接触を避けるとか、ストレスを溜めないことも大切でしょう。

外出が好きな人はそれでもいいでしょうが、人と多く接触するとやはり摩擦が起こります。引きこもりまではいかないにしても、基本的には『内なる生活』を楽しむほうが健康を保てるのではないかと私は考えています。

なるべく1人か家族だけと接触し、あまり出歩きすぎない。毎日飲みに行かない。その上で適度に運動をし、いいものを食べる。そのような生き方が最もストレスから遠い生き方なのかもしれません。

私はそれを目指していて、今は不要不急の外出をなるべくしないように心がけています。

これからは、健康であることが大きな価値を持ちます。ぜひ今から健康に気をつけて生きていきましょう。

6 ビジネスをどんどん変えていく

「1人経営」においては、ビジネス（やること・仕事）をどんどん変えていってもいいのではないかと思います。特にこれからの時代、流動性はどんどん高まっていきます。同じことをずっと続けていても、時代についていけなくなるかもしれません。

私の例で恐縮ですが、はじめは税理士事務所を開業して税理士業をはじめました。並行してビジネス書の著者業を開始。税理士業が軌道に乗ってから多くの本を書いてきました。

２０１０年頃からは、税理士業から得たものを活かしてセミナー業も行いました。さらにときを同じくして、馬主業（友人と共有で超零細です）も開始しています。

まだ準備段階ですが、これからは小説の執筆も行っていきます。そして将来的には、飲食店の経営（カフェなど）を行うかもしれません。

税理士業と執筆と馬主は、一見何の関係もないように感じられるかもしれませんが、実は密接に関わりあっています。

税理士としてお客さんと多く接するうちにいろいろな法則を見つけ、それを書いていったおかげで本は売れました。馬主についても、お金や投資に関する知識や知恵がなければできなかったものです。

まだまだこれからですが、小説や飲食業についても、税理士業や執筆業を行ってきたことが存分に生かされるでしょう。

どんどんビジネスを変えていくとか、新しい事業を行っていくには、まず一つの事業を核として、ある程度近いものを一つずつ立ち上げていくのが理想です。

例えば、電気工事の会社を立ち上げたのであれば、特色や関連性を活かして運送業や家電製品販売業にシフトしてもいいですし、副業としてそれらをやることもＯＫです。

また、まったく関係のない事業であっても、今のオフィスや車を使用することができるとか、資源の使用という意味で有用な何かがあれば、やってもいいでしょう。

私が考えているカフェも、あまりお客さんは入らなくてよくて、そこで合間に他の仕事（税理士業など）をしながらやれるという形態を考えています。

表題のように、「ビジネスをどんどん変えていく」というよりは、一つのビジネスを核として、関連するビジネスを少しずつ衛星のように増やしていくといったイメージのほうが近いかもしれません。

ビジネスを変えていったり、増やしていったりしていく上での注意点は、その過程で時間をとられすぎないようにすることです。

新しいビジネスをやることで、それに要する時間が倍に増えては本末転倒です。

本来のビジネスにほとんど時間を要することがなくなってから新しいビジネスをはじめるとか、本来のビジネスと時間的な相乗効果が見込めるビジネスをやるなどの考慮が必要です。

これから、ますます時代は移り変わっていきます。そして、変化のスピードはどんどん速くなっていきます。

　ですから、**これまでと同じ感覚で過ごすことは危険です。これまでいいと思っていたことが、すぐにダメになってしまうことも考えられます。**

　そんな時代には、自分もある程度移り変われる体制を整えておかなければなりません。

　税理士業などは、10年後20年後にはなくなってしまう仕事だ、と言われることもあります。もちろん、そんなに簡単になくならず、機能を替えながら残っていくとは思いますが、今の状態に慢心せず、変わっていかなければなりません。

「１人経営」の経営者も同じように、今の仕事を芯にしつつ、変わっていきましょう。

　常に新しいことを考えつつ、自分自身を変えていくのです。

7

「お金」「仕事」は割とどうでもいいと考える

「1人経営」において大事なことをたくさん書いてきましたが、最終的には、「割とどうでもいい」と考えることができるか、ということにかかっているのかもしれません。

「割とどうでもいい」という言葉は私の座右の銘の一つでもあります。

人は何かをやろうとするとき、真剣になります。それは当たり前ですし、実にすばらしいことだと思います。しかし、真剣がゆえに、周りが見えなくなったり、自分中心に考えて周りに迷惑をかけてしまったりしていることも多いのではないでしょうか。

人が生きている上では、運に左右されることも多いです。たとえうまくいっても、うまくいかなくても、「割とどうでもいい」と考えることが大切ではないかと感じます。

「１人経営」においても、それは同じです。

計画通りにいかないこともあるでしょうし、売上が思ったほど上がらず、お金に窮してしまうこともあるかもしれません。

しかしそれらは、長い目で、トータルで見れば、それほど大きな問題ではありません。**思ったようにうまくいかないことについて悩むことがあれば、「長期的視野」を持つようにしてください。**人生１００年と考え、残りの○十年をどうやって生きるかを決めるのです。そうすれば、今少々うまくいかなくても問題はありません。長期的計画を立て、現在の状況を鑑みて微調整していきましょう。

これから数年低迷期であっても、そのあと巻き返して、自分が立てた計画に近づけていけばいいのです。

長期的にどう生きていくかということをしっかり決めていれば、楽です。その計画に合わせていけばいいわけですから。

長期的な視点を持って計画を立てることと同じくらい大事なのは、「視野を広く持つ」「俯瞰する」ということです。

基本的に人間は自分の目線からしか周りを見ることができません。しかし、そうではなく、広い視点から客観的に物ごとを見るのです。

はじめは難しいかもしれませんが、やっていくうちにできるようになっていきます。

これができれば、目の前にある難しい問題を簡単に解決することができるかもしれません。

例えば、ある人にお金を貸して、それが返ってこない場合。もちろん腹が立ちますし、その貸した相手を恨みたくなります。

しかし、ここで俯瞰の出番です。

全体を見ると、自分から相手方に現金が移動し、相手方から自分に「返済義務」が生じている状況です。返済義務は、将来現金になる可能性が大きく、「資産」であるということができます（会計でいうと、売掛金とか貸付金となります）。

つまり、資産の量は変わっていない。問題は返済義務が履行されるかどうかだけであり、それは後々手続きでなんとかなる、と考えてみるのです。

もちろんお金が返ってこない可能性もありますが、資産の量が変わっていないのであれば、今はそれほど焦る必要もありません。

通常であれば怒ったり不幸を嘆いてしまったりするようなタイミングでも、見方を変えて俯瞰すれば「割とどうでもいい」と思えることは多いです。お金とか対人関係についての悩みは、長期的視野を持ち、俯瞰することができれば、たいていの場合解決してしまうものです。

多くの人は細かいことに気をとられすぎであり、「割とどうでもいい」とか「まあ、だめでも仕方ないか」などと思うことができれば、とても楽になります。

「１人経営」や人生の運営において、戸惑ってしまうことや、困ったことがあるときは、「割とどうでもいいや」と考えるようにしてください。

おわりに

最後までお読みいただきまして、ありがとうございました。

私がなぜこの本を書かせていただいたかというと、今後の日本社会に大きな危機感を覚えているからです。

本編にも書きましたが、これから日本の経済は縮小していく可能性のほうが高いです。また、ＡＩやロボットによって、これまで頑張ってやってきた仕事を奪われる人も多くなってくるでしょう。大企業にしがみつくこともできなくなります。

そんな時代には、「自分一人で」なんとかして生きていかなければいけなくなります。これまでのように、誰かに依存して生きていこうという考えでは苦しくなります。自分で考え、自分で目標を決めて計画を立てて生きていくことが必要となります。

そのためには、一人一人が独立して「経営」を行えるようになればいいのではないかと、これまでずっと考えてきました。従業員を雇わない1人会社が増え、それぞれが柔軟性を武器にして、ビジネスを拡大していければ、いい世の中になるかもしれない。そう考えています。

まだまだ日本では、勉強をしていい学校に行き、いい会社に就職し、一生働いて暮らしていく、という概念が染みついているように思います。そのような形態もまだ数十年しか続いていないのですが、それが当たり前だという感覚が私たちの中にあります。

しかし、もっと昔はみんなが自営業者で、みんなが自立した人生を送っていました。そのような時代を取り戻す時期にきているように思います。

本書は、主に独立したあと、なかなかうまくいかない人や、方向性を決めかねている人に読んでもらいたいと思って書きました。ただ、その他にも、会社で働いていて将来に望みを持てない人や、これから独立したいけど不安、といった人にも読んでもらいたいと思っています。

ここに書かれてある「1人経営」のメソッドをしっかり実行していただければ、必ずうまくいき、安定した、平穏で楽しい生活が送れるはずです。

これからの若い世代は、厳しい時代になると言われます。しかしこの1人経営メソッドがあれば大丈夫です。今やっていることがうまくいかなくなっても、本書の内容を思い出して実行すれば、なんとかなります。

ぜひ本書の存在を忘れずに携えていってください。

最後になりますが、本書を世に生み出してくださった明日香出版社の皆さま、特に編集の久松さん、そして私の家族や両親、友人たち、仕事のおつき合いをさせていただいている人たちに感謝したいと思います。どうもありがとうございました。

山本 憲明

■著者略歴
山本　憲明（やまもと　のりあき）
1970年兵庫県西宮市生まれ。税理士、中小企業診断士、気象予報士。
山本憲明税理士事務所代表。H&Cビジネス株式会社代表取締役。

1994年（平成6年）早稲田大学政経学部卒。
大学卒業後、制御機器メーカーで、半導体試験装置の営業・エンジニアと経理を経験。10年半の会社員生活ののち、2005年、山本憲明税理士事務所を設立。

現在は、少人数で効率的な経営を行いたい経営者をサポートし、その経営者がお金、時間（家族など）、人との関係の全てにバランスが取れた楽しい経営が実現できるよう、実践と勉強に励んでいる。また、馬主活動や少年野球指導も行っている。

主な著書
『「仕事が速い人」と「仕事が遅い人」の習慣』（明日香出版社）
『朝1時間勉強法』（KADOKAWA）
『社長は会社を「大きく」するな！』（ダイヤモンド社）
その他著書多数（累計19作、39万部以上）

本書の内容に関するお問い合わせ
明日香出版社　編集部
☎(03) 5395-7651

社員《しゃいん》ゼロ！　会社《かいしゃ》は「1人《ひとり》」で経営《けいえい》しなさい

2017年　11月　19日　初版発行
2018年　4月　13日　第29刷発行

著者　山《やま》本《もと》憲《のり》明《あき》
発行者　石野栄一

明日香出版社
〒112-0005 東京都文京区水道2-11-5
電話 (03) 5395-7650（代表）
(03) 5395-7654（FAX）
郵便振替 00150-6-183481
http://www.asuka-g.co.jp

■スタッフ■　編集　小林勝／久松圭祐／古川創一／藤田知子／田中裕也／生内志穂
営業　渡辺久夫／浜田充弘／奥本達哉／野口優／横尾一樹／関山美保子／藤本さやか　財務　早川朋子

印刷　株式会社文昇堂
製本　根本製本株式会社
ISBN 978-4-7569-1935-9 C0034

編集担当　久松圭祐

「仕事が速い人」と「仕事が遅い人」の習慣

ISBN978-4-7569-1649-5 山本 憲明 著

B6並製　240ページ　定価本体1400円＋税

同じ仕事をやらせても、速い人と遅い人がいます。その原因はいろいろです。

仕事の速い人、遅い人の習慣を比較することで、どんなことが自分に足りないのか、どんなことをすればいいのかがわかります。著者の体験談とともに50項目で紹介します。